Till Briegleb
Die diskrete Scham

Insel Verlag

Einbandabbildung: Kalligraphie von Petra Beiße, Wiesbaden (Ausschnitt).
© Oktober Kommunikationsdesign, Bochum, *www.oktober.de*.
Die Wiedergabe erfolgt mit freundlicher Genehmigung
des LVR-Industriemuseums, Schauplatz Ratingen.

© Insel Verlag
Frankfurt am Main und Leipzig 2009
Alle Rechte vorbehalten, insbesondere das
der Übersetzung, des öffentlichen Vortrags sowie der
Übertragung durch Rundfunk und Fernsehen,
auch einzelner Teile.
Kein Teil des Werks darf in irgendeiner Form
(durch Fotografie, Mikrofilm oder andere Verfahren)
ohne schriftliche Genehmigung des Verlages reproduziert
oder unter Verwendung elektronischer Systeme
verarbeitet, vervielfältigt oder verbreitet werden.
Druck: CPI – Ebner & Spiegel, Ulm
Printed in Germany
Erste Auflage 2009
ISBN 978-3-458-17438-7

1 2 3 4 5 6 – 14 13 12 11 10 09

Die diskrete Scham

Die echte Weisheit fängt an mit Scham.
(Sebastian Brant, Das Narrenschiff)

Alltag der Schamkonflikte

Die Macht, die die Scham über unser Leben hat, ist gewaltig. Sie berührt unser Liebesempfinden und dirigiert unsere Ängste, sie fesselt unsere Aktivität und Ehrlichkeit, aber befreit auch immer wieder ungeheure Widerstandskräfte. Sie feuert unsere Kreativität und Intelligenz an, aber schafft auch verderbliche Mythen, sie konstituiert sich in Nationalstolz und erbricht sich gelegentlich in unsäglichen Grausamkeiten. Sie begegnet uns auf Schritt und Tritt als soziale Kontrolle und fragt ständig nach der Richtigkeit unseres Verhaltens. Kaum ein anderes Gefühl besitzt so vielgestaltige Konsequenzen für unser Sein und Handeln. Denn all unsere Lebensbereiche sind strukturiert nach Maßgaben, die etwas mit dem Schutz vor Verletzungen zu tun haben, und jede Form der psychischen Verletzung berührt auch das Schamempfinden.

Dennoch wird über kaum eine Empfindung so wenig gesprochen, gesungen, diskutiert, entwickeln wir in kaum einem Bereich unserer Ausdrucksfähigkeit so ausgeklügelte Verbergungsstrategien wie beim Schamgefühl. Immer brillantere Methoden der Verkleidung, der Umlenkung und der Maskierung hat der Mensch im Lauf der Geschichte ersonnen, um dieses belastende Gefühl zu vermeiden, zu verbergen, zu regulieren oder nach dem Desaster der Beschämung zurück in ein Gleichgewicht zu finden – sei es ein seelisches oder staatliches Gleichgewicht. Scham ist deswegen vielleicht die am meisten unterschätzte Kraft der Menschheitsgeschichte. Trotzdem sie in ihrer Tendenz zur Selbstverbergung nicht immer leicht zu bezeugen ist, durchzieht sie die Gesellschaft wie ein magnetisches Kraftfeld und zeigt sich darin mit anziehenden und abstoßenden Kräften.

So ist die Beschämung seit Jahrhunderten ein geschmeidiges Instrument zum politischen Machterhalt. Könige wie Supermarktleiter erreichen mit gezielter persönlicher Verächtlichmachung Unterwerfung ihrer Untertanen und Angestellten (allerdings manchmal auch verzweifelte Rebellion). Sozial noch bedeutender, weil nicht in der persönlichen Konfrontation zu lösen, ist die massen- oder gruppenweise Demütigung. Durch die Propagierung von beschämenden Stereotypen (»der faule Neger«, »der geldgeile Jude« oder »das dumme Weib«) und die Ausbildung von sozialen Strukturen, die diese Ressentiments energisch wiederholen und die Zielgruppen dauernd spüren lassen, verwurzeln herrschende Gruppen dort ein Selbstbild der Schwäche. Diese Schamangst führt relativ verläßlich zu freiwilligem Gehorsam und Duldsamkeit. Religionen arbeiten mit diesem Muster ebenso erfolgreich wie Regierungen oder Wirtschaftsunternehmen, und zwar immer dann, wenn eine kleine Gruppe der Mehrheit ihren Willen aufzwingen möchte.

Die Geschichte des Kolonialismus ist ohne den Einsatz dieser Schamgewalt ebenso undenkbar wie die machtvolle Entwicklung der drei abrahamitischen Gehorsamsreligionen, deren Programm die Gläubigen zwingt, täglich ihre Unterlegenheit und Wertlosigkeit gegenüber Gott auszusprechen. Aber auch Tarifkonflikte oder nationale Streitigkeiten durchlaufen vor dem tatsächlichen Kampf zahlreiche Stufen der gegenseitigen Diffamierung mit dem Ziel, den Gegner so weit in seinem Selbstwertgefühl zu treffen, daß er bereits vor den schädlichen Konfrontationen zur Aufgabe reif ist. Mit reiner Waffengewalt wurden weder ganze Kontinente unterdrückt noch die Arbeiter ihrer Rechte an dem Produkt beraubt, das sie herstellten. Man mußte schon ihren Stolz durch psychologische Degradierung brechen, also ihr Schamgefühl gegen sie wenden.

Allerdings funktioniert diese Strategie nicht so verläßlich, daß nicht doch immer wieder Selbsthaß in Haß und duldsame Schicksalshörigkeit der einzelnen in kollektive Organisation umgeschlagen wäre. Deswegen mußten machtbewußte Gruppen im Versuch, gewalttätige und selbstzerstörerische Auseinandersetzungen um Herrschaft zurückzudrängen, die Strategien der Kränkung immer weiter verfeinern, damit sie wirksam blieb. Perfides Ziel dieser Taktik ist es, Menschen so geschickt zu beschämen, daß sie ihre Entmündigung als ihr persönliches Bedürfnis empfinden. Der gigantische Zuwachs an Marketing in den letzten Jahrzehnten folgt durchgehend dieser Idee. Konfrontiere die Menschen mit ihrer Unvollkommenheit, und sie werden aus Schamgefühl tun und kaufen, was du ihnen als Heilmittel anbietest. Das ist, solange es intelligent umgesetzt wird, bei politischen Ideologien so erfolgreich wie bei Snowboardmode.

Denn begehrlich erscheint uns, was unser Gewissen dahin gehend beruhigt, dem Guten und Schönen zu genügen. Nachdenken über die Zusammenhänge hat in seiner naturgemäß langsamen Manier bei dem täglichen Abgleich unserer Unvollkommenheit mit schön präsentierten Erlösungsbotschaften keine Chance. Unser Schamgefühl ist ungleich schneller und verführt uns dazu, unsere Nacktheit mit Statussymbolen zu verkleiden, politischem Messianismus zu trauen und unsere Schwächen hinter Posen zu verstecken. Mit Ray-Ban kaufen wir keine Sonnenbrille, sondern den Nachweis des Heroischen, der über unsere Wertigkeit Auskunft geben soll.

Der Zuwachs an Bildung und kritischem Verstand, der die demokratische, kapitalistische Gesellschaft trotz aller Erfolge des Marketings in seiner Entwicklung auszeichnet, hat allerdings erreicht, daß Entwürdigung zur besseren Ausübung von Macht einer hartnäckigen öffentlichen

Kritik unterzogen ist — und damit zum persönlichen Gesichtsverlust führen kann. Parallel zur freiwilligen Selbstaufgabe von Bewußtsein im Konsum von Gütern und Ideen existiert auch eine Sensibilität für die Stumpfheit und die unliebsamen Begleiterscheinungen dieses Verhaltens. Denn unser Schamgefühl besitzt niederschwellig alarmierende Anstandssysteme. Die führen dann dazu, daß der Wechsel eines ehemaligen deutschen Bundeskanzlers zu einem zwielichtigen russischen Großunternehmen ebenso mit Appellen an das Schamgefühl kritisiert wird wie die Texte von Berliner Aggro-Rappern oder die abschätzigen Aussagen eines Kölner Fußballtrainers zur Homosexualität. Wer seine Beschämungsstrategien also nicht mit großer Raffinesse und Marketingaufwand als Wohltat für den Beschämten verkleidet, kann zwar immer noch eine Machtposition erreichen, aber nur um den Preis, als roher Trottel verspottet zu werden.

Allerdings verwandelt sich auch das, was wir als Aufklärung und Befreiung von Ängsten empfinden, oftmals wieder in neue Rituale und Masken, um nicht zu zeigen, was wir fühlen. Erklärte Vernunft wird dann oftmals begleitet von einem Mißtrauen gegen Gefühle und irrationale Behauptungen. Das Ungewisse neuer Erfahrungen macht den Geistesmenschen so skeptisch gegen Situationen, die etwas Kontrollverlust verlangen, daß er sich freiwillig in die Quarantäne der Argumente begibt, um aus dieser geschützten Position einer Beschämung mit allen rationalen Mitteln vorzubeugen. Zyniker, Besserwisser, Kathederakademiker, Pedanten, Moralapostel und Welterklärer haben diese Form der argumentativen Abwehr als Charakterzug angenommen, aber in ihrer gemäßigten Form sind die meisten Menschen geübt im <u>Wegrationalisieren ihrer Schamängste</u>.

Derartige Versteckspiele prägen unseren Charakter, unseren zwischenmenschlichen Umgang, unser Wohlbefinden und unsere Träume, denn das freie Individuum betreibt sie nicht nur gegenüber anderen, sondern in vermutlich weit größerem Maße sich selbst gegenüber. Und das macht es – trotz unseres von Erklärungswirtschaft durchwirkten Daseins – so schwierig, Schamängste zu erkennen, zu benennen und zum Schweigen zu bringen. Die ungeheure Energie der Scham, sich selbst als Motiv des Handelns zu verschleiern, überfordert selbst den fröhlichsten Analytiker und selbstkritischen Geduldsmenschen darin, dem Gespenst der schamschmerzenden Getriebenheit bei seinem Spuk stets zu folgen.

Dennoch spüren wir seine Anwesenheit fortwährend, und zwar unabhängig davon, ob wir uns über die Existenz dieser Ängste selbst hinwegtäuschen wollen oder nicht. Dort, wo die Verwandlung von Schamängsten in Normen des Zusammenlebens einigermaßen gefestigt ist, spüren wir das Unbehagen in jedem noch so kleinen Verstoß gegen den Konsens. Dort, wo wir Neuland betreten und Wagnisse begehen, zwicken sie uns als ständige Begleiter.

Die Zellteilung gesellschaftlicher Verhaltensregeln in immer kleinere Subsysteme, die sich ihre eigenen Varianten von gutem Benehmen schaffen – vom Sado-Maso-Club bis zum Bundeskabinett –, macht die Komposition eines angemessenen Selbstbildes auch nicht viel leichter als in einem halbwegs monomoralischen Schuldsystem wie dem katholischen Inquisitionsstaat. In jedem Teilbereich der Gesellschaft, in dem die Regeln annähernd unseren eigenen Vorstellungen von erfülltem Dasein entsprechen, fühlen wir uns doch immer unvollkommen. Die Sehnsucht nach dem anderen, das Gefühl von Mangel treibt uns beständig um, vielleicht sogar der Traum von glücklicher Vollkommenheit in einem homogenen Zustand. Statt dessen müssen wir die unterschiedlichsten Schamvermeidungsstrategien beherrschen, um im Wechsel der widersprechenden Anforderungen, die etwa die berufliche Zusammenarbeit, der Freundeskreis und die Liebe an uns stellen, nicht zu scheitern.

Um dabei auch noch das Gefühl von Identität zu bewahren, bedarf es einer virtuosen Kunst des inwärts gerichteten Ausgleichs. Widerstreitende Durchsetzungs- und Vertrauensregeln herrschen nämlich nicht nur zwischen Arbeitsplatz, Supermarktschlange, Sex und Kindererziehung, sondern auch innerhalb dieser Zonen. Abhängig von den Voraussetzungen der beteiligten Personen und ihren verinnerlichten Wertmaßstäben, kann das Auftreten in alltäglichen Situationen gleicher Anmutung völlig unterschiedliches Verhalten verlangen.

Mit dem kulturgeschwängerten Flirt an einem Tresen im Prenzlauer Berg ernten wir in einer Düsseldorfer Altbierkneipe eventuell nur betretenes Schweigen. Eltern, die den Jargon ihrer Kinder nicht mehr verstehen, können mit der Übernahme von Jugendsprache in ihren Wortschatz zu peinlichen Witzfiguren werden, aber mit dem völligen Ignorieren dieser Welt auch den Kontakt zu ihren Kindern verlieren. Und der Ausspruch »Ich will ficken« wird der einen Frau einen Begeisterungsjauchzer entlocken, eine andere empfindet ihn als ordinär und entwürdigend, und er verdirbt ihr die Lust, die dritte wiederum sieht darin einen Anlaß für Tiraden über den männlichen Chauvinismus, der die Frau zum Objekt der männlichen Lust degradiert.

Wollen wir uns also nicht dauernd blamieren, müssen die Ansprüche, die diese komplexen Situationen an uns stellen, permanent abgestimmt, gewartet und modernisiert werden wie ein großes Uhrwerk. Die Freiheit der Möglichkeiten wirkt dabei auf manche ängstliche Menschenseele keineswegs selbstbewußtseinsfördernd.

Helden der Scham I
CHRISTOPH MARTHALER

Sie sitzen in grauen Hausmeisterkitteln und fleckigen Jogginghosen an Schultischen, irren auf der Suche nach dem Ausgang herum, popeln in grotesker Unterwäsche in der Nase oder vollführen lächerliche Gymnastik. Immer sind sie allein, hilflos und verlegen, beschämte Gestalten von rührender Häßlichkeit, die Figuren in Christoph Marthalers Theater- und Operninszenierungen. Niemals tritt hier ein energischer und schöner Held auf, Menschen mit Ziel und Anliegen haben keinen Platz in der großen Erschöpfung von Marthalers Welt. Und dennoch sind diese schleichend vorankommenden Porträts menschlicher Randlagen frei von jeder Mitleidsatmosphäre. Der Schweizer Theatermacher und seine kongeniale Bühnenbildnerin Anna Viebrock therapieren diese Wesen ohne Selbstbewußtsein mit den Krücken von Humor und Musik, bis sie in Würde wieder laufen können. Und ehe man es sich versieht, wird aus den Graumäusigen und Tölpeln, Spleenigen und Depressiven, Altmodischen und Antriebslosen eine schlagkräftige Armee poetischer Rebellen. »Schöne Verlierer«, wie Leonard Cohen einmal die Merkwürdigen und Sonderbaren nannte, demonstrieren mit einem bizarren Leistungsstreik gegen die Erniedrigung, die der Fortschritt von ihnen verlangt.

Der handlungsunfähige Held wird von Christoph Marthaler ins Zentrum gerückt, und wie er da wartet, zuckt, singt, zankt und döst, zeigt er, wie man der beschämenden Idealisierung des Tatkräftigen widersteht. In der totalen Unfähigkeit, seine Scham- und Schuldgebrechen zu verstecken, bewahrt der Sonderling sein utopisches Potential und präsentiert uns sein großes Wissen über unsere verqueren Seiten, die wir so bemüht sind, geheimzuhalten. Christoph Marthalers Schamtheater besitzt dabei nichts Demonstratives, denn das Demonstrative provoziert immer neuerliche Beschämung. Als hochmusikalischer Komponist des Scheiterns und liebenswürdiger Beobachter verleiht er der Blamage Melodie und Herzlichkeit. Wie er so die Scham offen ausspielt und zeigt, wie man sie schätzenlernt, schafft er diesem Gefühl einen Raum ohne Angst.

Das Doppelleben der Beschämung

Verkrampfte, skurrile, panische, verquere, kreative und aggressive Reaktionen auf die dauernde Überforderung unserer Kräfte durch unterschiedliche Ansprüche zeugen jene Vielfalt gesellschaftlicher Erscheinung, die in der Summe unsere Kultur und Lebensart ausmacht. Nicht nur das meiste, was wir absonderlich und damit interessant finden, ist eine Reaktion auf Schamschmerz. Die Erfindung immer neuer Verkleidungen, seien es furiose Moden und Stile, absurde Fernsehformate und eigenwillige Musikrichtungen, exotische Reiseziele und Sportarten, Verhaltens- und Sprachweisen, dienen der Abkehr von einem Sein, das man als banal und durchschaubar empfindet, das einen also in die Masse erniedrigt hat, für deren Gewöhnlichkeit man sich schämt. Aber auch die durchschnittlichen bürgerlichen Normwelten, von denen kultivierte Charaktere Abstand halten, sind bei genauerem Hinsehen voller skurriler Eigenheiten und Grillen. Zwar scheint es zunächst ein offensichtlicher Zug kleinbürgerlicher Verhältnisse zu sein, zwanghaft Beschämung zu vermeiden, indem man gesellschaftlichen Ansprüchen für jeden erkennbar genügt. Ordnung, Sauberkeit, Anstand und Bescheidenheit sind die Tugenden, die sich ausgebildet haben, um nicht anzuecken. Trotzdem übertreten auch die scheinbar langweiligen Normalbürger immer wieder die Grenzen des Gewöhnlichen auf die Gefahr hin, lächerlich zu wirken. Absurde Hobbys, herrliche Macken, schräger Humor und spezielles Können zeugen in diesen Gesellschaftszonen gelegentlich von höherer Originalität, als es manch teures Design-, Party- und Kulturdasein mit seinen langweilig festgelegten Codes aufweist.

Allerdings reißen die schwelenden Ängste vor Beschämung auch immer wieder tiefe Abgründe auf, wo der dünne Firnis des anständigen Verhaltens die Spannungen unter der Oberfläche nicht mehr verdeckt. Die westeuropäische Kultur kritischer Auseinandersetzung unternimmt zwar kontinuierlich große Anstrengungen, Interessenkonflikte in friedliche Bahnen zu lenken. Vor allem das erste kapitalistische Gebot, der Mensch müsse sich dem permanenten Fortschritt und dem Ethos der Selbständigkeit stellen, sorgt aber für Probleme, die der einzelne nicht immer selbständig bewältigen kann.

Fortwährend diskutiert die Gesellschaft neue Gesetze und Verhaltenskodizes, um die Geldgier als Motor des kapitalistischen Tempos sozial gegen die harte Straße des Lebens abzufedern. Erstaunlich unbeholfen reagiert das öffentliche Bewußtsein aber nach wie vor auf die Phänomene von seelischer Erschöpfung und Verhaltensstreß, die als Begleiterscheinungen dieser Konstruktion auftreten. Ob sie sich in Depressionen, Eßstörungen, Kindstötung, Doping, Fetischismus, Folterkino, absurden Sekten, peinlichen Aussetzern oder schleichender Verfettung äußern, die Abwehrreaktionen gegen die kapitalistische Leistungsnorm, nach der Vollkommenheit in der Fähigkeit zur Anpassung und zum sanktionierten Betrug an seinen Mitmenschen gewonnen wird, sind immer auch Äußerungen verletzten Schamempfindens – und erzeugen neue Schambilder von aggressiver Traurigkeit.

Da diese von der Oberflächenneugier der Medienwirtschaft in immer privateren Winkeln aufgespürt werden, um sie dann schamlos zu vergrößern und dem bigotten Spott auszuliefern, sind Schamprobleme öffentliche Probleme in einem Ausmaß, das keine klar konturierte Moral mehr zu bewältigen vermag. Zumal es sich bei diesem Prozeß grundsätzlich um ambivalente Prozesse handelt. Die schöne Freizügigkeit im Umgang mit dem nackten

Körper provoziert auf der anderen Seite die zwanghaften Reaktionen von Eßgestörten, die den übermächtigen Idealen von Schönheit genügen wollen. Sexorgien mit Prostituierten in Naziuniformen, private Nutzung von dienstlichen Vielfliegermeilen, öffentliche Meineide und zahlreiche andere zweifelhafte Verhaltensweisen kosten in der Demokratie mehr Funktionäre den Job, das Ansehen und manchmal auch das Leben als falsche und schädliche Entscheidungen. Aber die Produktion von zeitgenössischen Masken und Amuletten gegen die Scham unterhält auch eine gigantische Kreativindustrie in Mode, Design, Architektur, Theater, Kunst und Medien, mit der sich viele Menschen gerne schmücken und die durchaus dem Wohlbefinden dient.

Bei allem persönlichen Leid, das die Schamangst erzeugt, ist sie also keineswegs nur ein Nachteil der Empfindsamkeit oder eine Unsportlichkeit der Seele. Als permanente Forderung an unsere Selbstwahrnehmung und Störfaktor im großen Harmonieschwindel kann sie unsere Sensibilität wachhalten, unsere Intelligenz reizen, unseren Erfindungsreichtum erweitern, aber auch unseren zwischenmenschlichen Umgang von grotesken Hindernissen und nutzlosen Feindseligkeiten befreien. Thema meines Essays ist es deswegen, die Würde der Scham als Quelle von Glück, Erkenntnis und Kultur zu beschreiben.

Es wäre schön, wenn es in diesem gerafften Überblick über ein ausschweifendes Thema gelingen würde, zumindest zwei Segnungen des Schamgefühls anzudeuten: zum einen, wie man in der Annahme ihrer Zeichen unsere Freundlichkeit und unser Verständnis so verfeinern kann, daß wir einer souveränen Lebensführung, einer gelassenen Form der Selbstkontrolle und des zwischenmenschlichen Umgangs näherkommen. Zum anderen, wie gerade die Rebellion gegen Schambarrieren erst zu den größten Kulturleistungen führt, die wir Kohlenwasserstoffeinheiten auf dem Planeten Erde zuwege bringen.

Am bildlichsten ist der Zusammenhang von Scham und Erkenntnis in der Geschichte vom Sündenfall beschrieben. Die verbotene Frucht, der Apfel der Erkenntnis, befreit den Menschen aus seiner Monotonie gläubigen Glücks und zwingt ihn, mit dem Stachel der Scham im Fleisch sein Leben selbst in die Hand zu nehmen. Die Dialektik der Geschichte ist losgetreten, das weite Feld der Handlungsalternativen liegt zur Bestellung bereit.

Demokratie der Brandherde

Jewgenij Samjatin hat in seinem 1920 erschienenen Roman »Wir« einen totalitären Überwachungsstaat beschrieben, dessen Bewohner in Häusern aus klarem Glas leben und nur an zugewiesenen »Geschlechtstagen« das Recht haben, Vorhänge zuzuziehen. Unter dem Eindruck kommunistischer Gleichschaltungstendenzen und weit vor Huxleys und Orwells Visionen totalitärer Staaten erfindet Samjatin hier das Modell des vollkommen selbstkontrollierten Subjektes, das alle Gewissenskonflikte so weit durch Gehorsam ersetzt hat, daß Scham scheinbar ausgelöscht ist – Fehlleistungen aber sofort zur Bedrohung des Systems werden.

Diese gläserne Stadt läßt sich als Metapher für unser Bewußtsein lesen, denn der ganze unsichere Verhau an Gedanken, Gefühlen, Erinnerungen und Sehnsüchten, der den Menschen beschäftigt, liegt ihm ja völlig offen vor. In der scheinbaren Einheit unseres Bewußtseins verbirgt sich unserer Introspektion nur, was wir verdrängen konnten. Sogar unsere Lebenslügen und die Einsichten, die wir nicht wahrhaben wollen, sind in unserem Bewußtsein in der einen oder anderen verqueren Form abrufbar. Sie warten dort wie alles andere auf Ordnung und Systematik durch äußere Anlässe, die uns zwingen, unsere Werte und Verhaltensweisen zu überdenken.

Berufliche Beschäftigung, Erregung durch Liebe oder Abenteuer, gefaßte Kontemplation, Inszenierungen von Genuß und Unterhaltung, Spiel, Entscheidungssituationen oder neue Ansprüche erfüllen den Zweck dieser inneren Strukturierung. Mal geschieht dies mit gewinnender Routine, mal mit trauriger Zersetzungskraft. Im Laufe unseres Lebens bildet sich aus diesen Erfahrungen eine Form von Gehorsam gegenüber bestimmten Ordnungsprinzipien heraus, die in Gestalt einer selbstgeschaffenen Wertepolizei durch die gläserne Stadt unserer Gedanken, Bilder und Gefühle streift. Und wie in Samjatins Welt, so kann auch diese unsere Innenweltbevölkerung den verpflichtenden Kontrolleuren unserer Werte nur genügen, wenn sie sich Gewalt in Form von Selbstzensur und Verleugnung antut. Denn die lebendigen Erinnerungen und Sehnsüchte sind wild, widersprüchlich und ungezogen.

Wollen wir dem Unglück der Zwanghaftigkeit also entgehen, das uns zur stumpfen, harten, ungerechten und unbeweglichen Pose der Selbstgewißheit oder in die Agonie der Dulder und Gefühllosen leitet, müssen wir dem permanenten Streit in unserer gläsernen Stadt zuhören und die Kraftanstrengung auf uns nehmen, Komplexität auszuhalten und auszugleichen.

Die Hitzeerscheinungen dieses unendlichen Aufruhrs der Zweifel und Widersprüche sind die verschiedenen Formen des Schamgefühls, wobei ich Schuldgefühle, schlechtes Gewissen, Gehemmtheit, peinliches Berührtsein, Verlegenheiten, depressive Lähmung und viele andere Schammasken in das Arsenal der Schamängste eingemeinde, durchaus bewußt, daß es viele kluge Autoren gibt und gab, die sich große Mühe gegeben haben, diese Sphären sorgsam auseinanderzuhalten.

Doch die Polarisierung von Schuld- und Schamgesellschaften etwa wie sie sich seit Ruth Benedicts Untersuchung der japanischen Gesellschaft der vierziger Jahre des letzten Jahrhunderts in den Geisteswissenschaften etabliert hat, erscheint mir ebensowenig als große Lesehilfe für die Plagen des Alltags wie die in Teilbereichen sehr inspirierenden Modelle psychoanalytischer oder soziologischer Hierarchien. Obwohl Scham- und Schuldgefühle, schlechtes Gewissen, Peinlichkeiten, Versagensängste, sexuelle Verspanntheiten oder Schüchternheit auch in diesem Buch unterschieden werden, zeigt doch der praktische Sprachgebrauch, wie man ihn in der Literatur als auch im Alltagsleben findet, daß die verschiedenen Bezeichnungen so intensiv als Synonyme füreinander benutzt werden, daß die Annahme einer gemeinsamen Tonart des Schmerzes plausibel ist.

Statt das Schamgefühl also durch analytische Grenzziehungen in seiner Erscheinungsform zu isolieren und auf einen Urgrund zurückführen zu wollen, wie es uns das detektivische Nachdenken empfiehlt, betrachte ich es eher als ein neuronales Phänomen. So wie das Gehirn keine zentrale Kommandoeinheit besitzt, in der das Ich die Hebel schwingt, so tritt auch das Schamgefühl vermutlich viel eher als weitverzweigtes Netzwerk sich inspirierender Erlebnisimpulse auf, dessen Gesamtschwingung für unser Wohlbefinden viel entscheidender ist als eine mehr oder weniger aus der Fassung geratene Kerninstanz.

Diese Organisation erlaubt es uns aber, ganz praktisch auf den unterschiedlichsten Baustellen an der Befriedung unserer Ängste zu arbeiten, wodurch immer auch die schrittweise Beruhigung des ganzen Empfindens vorankommt. Nicht die isolierte Instanz eines Ichs (oder wie Psychologie, Philosophie und Religion unser Bewußtsein sonst noch nennen) gilt es zu heilen, sondern einen Kosmos miteinander verbundener Erlebnisse und Erinnerungen von Verspannung und Gejammer zu befreien. Und darin gleicht unser Gehirn der Gesellschaft, die auch nicht durch eine neue Regierung glücklicher wird, sondern nur durch die Qualität der Impulse, die sie untereinander auszutauschen fähig ist. Deswegen ist die Durchlässigkeit der Wahrnehmung ein so entscheidender Faktor für die Genesung der Gefühle.

Mantra der Selbstvorwürfe

Als Globus offener Fenster, durch welche uns die Außenwelt die Hände reicht, erscheint mir unser Bewußtsein in sensiblem Zustand. Schließt man zu viele davon, weil das allseitige Händeschütteln und Eindrückeaustauschen mit der Welt uns ins Trudeln und aus dem Gleichgewicht zu bringen droht, dann verkümmern wir langfristig in den erkenntnislos verschlossenen Kreisbewegungen des Grübelns. Die dauernde Wachheit, Neugier und Selbstbefragung, die die Offenheit in alle Richtungen von uns verlangt, wenn wir unsere größeren und kleineren Ängste im Kontakt mit der Welt abschleifen wollen, ist aber anstrengend – nicht nur wegen der schieren Menge der möglichen Erlebnisse, sondern auch wegen ihrer grundsätzlich fordernden Qualität. Alles, was wir wahrnehmen können, bewußt und unterbewußt, stellt eine prüfende Frage an unser Bewußtsein. Und jede dieser kleinen und großen Prüfungen liefert uns einen Anlaß für das Unwohlsein des Schülers in uns.

Da wir früh und grundsätzlich gelernt haben, uns mit der Richtigkeit unseres Verhaltens bis in die kleinsten Detailfragen zu beschäftigen, hält der gewöhnlichste Alltag unzählige Minischocks der Fehlerangst für uns bereit. Flecken auf der Kleidung, unerledigte Terminsachen, unsere unangenehmen Körpergerüche oder vermeintliche Makel wie Blut auf dem Klopapier, Singledasein und Zweifel am Sinn des Lebens plagen einen schon allein zu Hause in dem Bewußtsein, verinnerlichten Ansprüchen nicht zu genügen. Viele dieser Forderungen an ein idealkonformes Menschenbild brauchen dazu gar keine Auseinandersetzung mit einem anderen Menschen. Vielmehr sind sie so tief in unserer Vorstellung verwurzelt, daß sie gerade im

Stadium des Alleinseins wie ein Sprechgesang der Selbstbeschuldigung über uns einbrechen können.

Obwohl man es generell eher depressiven Menschen unterstellt, sich mit Schamzweifeln in geistiger Isolation selbst zu zermürben, unterscheidet sich das Mantra der Selbstvorwürfe meiner Beobachtung nach nur in der Lautstärke. Ausgeglicheneren Personen fehlt lediglich die überreizte Konzentration auf diese innere Flagellation, oder sie konnten Strategien entwickeln, diese zu dämpfen oder in Energie zu verwandeln. Aber zum Schweigen bringt die nervöse Frequenz der Schamanlässe so schnell niemand.

Kontrolle und Selbstkontrolle arbeiten hier als Team hervorragend zusammen. Die Frage »Genüge ich den Ansprüchen, die ich selbst als richtig akzeptiert habe?« wird dabei in meinem Bewußtsein von mentalen Stellvertretern übernommen, die niemals schlafen. Schamträume, wie nackt in der Öffentlichkeit zu wandeln, zurück in der Schule die Fragen nicht beantworten zu können oder von Menschen, die man liebt, gemieden zu werden, kennt vermutlich jeder. Und gleich nach dem Aufstehen setzen sich die unangenehmen Selbstbeichten wie Juckpulver auf das Hirn.

Ich schaue sofort auf die Uhr mit der schuldbeladenen Empfindung, ob ich zu lange geschlafen habe, ich putze die Zähne nicht mit dem ganzen Programm, das meine Zahnpflegerin von mir verlangt, ich esse schädlichen Weißmehltoast und Orangenmarmelade statt Müsli mit Obst, ich behalte aus Bequemlichkeit die Unterhose an, die mit Sicherheit ein wenig nach Schweiß riecht, ich sehe das Handy und weiß sofort wieder, daß ich verschiedene Telefonate nicht geführt habe, ich habe Lust, den Fernseher anzustellen, obwohl ich eigentlich den Abwasch machen müßte, dazu plagen mich Gedanken, ob ich mich wirklich genug um meinen Sohn kümmere, es fällt mir auf, daß ich gestern in der Kneipe der begleitenden Dame nicht den eigenen Barhocker angeboten hatte, welche Unhöflichkeit noch dadurch gesteigert wurde, daß sie mir kurz vorher von einer schmerzhaften Operation an ihrem Unterschenkel erzählt hat, und das schlechte Gewissen, viel zu spät mit diesem Manuskript angefangen zu haben, drückt auch auf die Eingeweide.

Natürlich handelt es sich bei all diesen Beispielen um eher banale Schamkonflikte – doch nur, solange man nicht dazu neigt, in der Addition ihres Auftretens sich selbst abzuwerten. Dauernd überforderte oder erschöpfte Menschen lähmen sich in der Empfindung, von Ansprüchen und Aufgaben belagert zu werden. Daß deren zügige Abarbeitung ihnen genau die Freiräume schaffen würde, deren Fehlen als Ausrede für ihre depressive oder gereizte Laune herhalten muß, beschwert vermutlich das schlechte Gewissen noch zusätzlich mit Leistungsdruck. Ihre Unfähigkeit, strukturiert das schlechte Gewissen zu befrieden, schafft dann ein Grundgefühl der Unzufriedenheit und Unzulänglichkeit, das von prügelnden Vätern und keifenden Müttern bis zu jungen Mädchen, die sich tagelang in ihre Zimmer einschließen und die Haut aufritzen, weite aggressive und autoaggressive Kreise zieht.

Ich bin in meinem Leben zahlreichen Menschen begegnet, deren Handlungsfähigkeit teilweise so von Schamgefühlen paralysiert war, daß sie sich absolut kontraproduktiv zur Lösung ihres Konfliktes verhielten, obwohl sie es eigentlich besser wissen. Menschen, die ihre Beziehungen zerbrechen lassen, weil sie ihre Gefühle nicht ausdrücken können, andere, die solche Autoritätsängste plagen, daß sie weder eine Krankenversicherung abschließen können noch ihre Steuerabrechnung erledigen. Obdachlose geraten häufig in Armut, weil die Scham über eine Niederlage ihnen jede Handlungsfähigkeit geraubt hat. Und manchmal sterben Leute, weil sie sich schämen, zum Arzt zu gehen.

Diese Menschen entwickeln fatale seelische Schamstrudel, weil mit jedem Moment, den sie verstreichen lassen, ohne den entscheidenden Schritt zur Lösung getan zu haben, ihr schlechtes Gewissen noch heißer wird. Da sie sich zudem häufig erst recht schämen, Hilfe anzunehmen und durch Bitten ihre Schwäche offenzulegen, entwickeln diese Menschen manche unverständliche Verhaltensweisen, die als Ablenkung von den eigenen Makeln so exzentrisch komponiert sein können, daß sie kaum mehr auf die Ursache der Leiden zurückzuweisen vermögen. In Eitelkeit und Arroganz kann sich das Unwohlsein ebenso übersetzen wie in Kleinmut und Bösartigkeit. Kälte oder Leidenschaft mögen die Schamängste überspielen wie Fluchtverhalten und Bunkermentalität.

Aber die dahinterstehenden bleiernen Gefühle halten auch die Möglichkeit der Bewußtwerdung offen: Entweder, indem unsere Schmerzgrenze überschritten wird und sich die Verleugnung der eigenen Ängste zur Krise formiert, die ohne Hilfe nicht mehr zu bewältigen ist. Dies ist der Fall bei traumatischen Beschämungen, die hier nicht behandelt werden sollen, da sie mehr ein Thema für therapeutische Untersuchungen sind. Oder weil wir gelernt haben, mittels einer gelassenen Selbstkontrolle die Energie der Scham nicht mehr aus der Verleugnung zu beziehen, sondern offensiv damit umzugehen, daß und wie wir uns schämen. Allerdings lauern überall Augen, deren Blicke die »ständig schwelende soziale Angst«, wie Norbert Elias die Scham nannte, schüren und anfachen.

Helden der Scham II
CHARLES BAUDELAIRE

Es fällt nicht leicht, Charles Baudelaire wirklich sympathisch zu finden. Seine herablassenden Bemerkungen über Frauen, die werktätigen Massen und die Demokratie, seine pathetische Selbststilisierung als Poet und Mensch überlegenen Geschmacks, das Apodiktische seiner Behauptungen sowie die Überlieferungen zu seinem reizbaren und gezierten öffentlichen Auftreten verdichten sich leicht zum Porträt eines großbürgerlichen Exzentrikers, dem die Pflege seines Egos über alles ging. Aber schon Sartre hat bemerkt, daß Baudelaire immer »Elemente des schlechten Gewissens und eine Art Schuldgefühl« mit sich herumtrug. Sein Leben war überaus reich an Beschämungen. Die Entmündigung durch seine Mutter, die ihm einen finanziellen Vormund bestellte, der Prozeß um seinen Gedichtband »Die Blumen des Bösen«, der mit einer empfindlichen Geldstrafe und dem Verbot von sechs Gedichten endete, die ewige Flucht vor seinen Gläubigern, die Verweigerung öffentlicher Würden und die Syphilis als Vermächtnis seiner Wollust sind nur die schlimmsten Niederlagen in einem enttäuschungsreichen Leben. Aber Baudelaire verwandelte diese Verletzungen in sprachliche Inszenierungen, die eine überreiche Sehnsucht nach dem Irdischen ausdrückten, wie sie nur die moderne Großstadt bot.

Dem Opium so verfallen wie dem guten Geschmack, der hohen Kunst wie der »Fünf-Franken-Dirne«, provozierte Baudelaire natürlich den unaufhörlichen Tadel der anständigen Scheinheiligkeit. Aber er gewann aus den feindlichen Kräften seiner Begierden und ihrer Sanktionen eine Form erregter Poesie, die ihn zu einem großen Propheten der urbanen Selbstverwirklichung werden ließ. Obwohl Baudelaire die Großstadt nicht eigentlich beschrieb, so hob er doch immer wieder an, um ihre Qualitäten zu preisen, ihre Vielfalt, ihre Vitalität, ihre Verführungen, die Schönheit des Verfalls und die Freiheit, die sie demjenigen eröffnete, der sich nicht zu schade ist, von den höchsten kulturellen bis zu den verborgensten intimen Genüssen von ihr zu profitieren. Als Inbegriff des melancholischen, aber neugierigen Rebells verachtete Baudelaire alle Maßgaben des Wohlanständigen als Fesseln der Langeweile und Borniertheit.

Wo es ihm zur Beschreibung der Fremdartigkeit diente, die er zur Ursache alles Schönen und zum ständigen Subjekt seiner intimen

Poesie gemacht hat, suchte er deswegen eher das Extrem als die Mäßigung. Die fehlende Scheu vor Erfahrungen, selbst wenn sie oft nur rein gedanklicher Natur gewesen sein mögen, erlaubte es Baudelaire, die große Schönheit des städtischen Daseins in seiner ganzen Widersprüchlichkeit, Aufregung und Befriedigung auszumalen — und damit bei allem Hochmut und aller Stilisierung als sensibles Genie, die Toleranz zu beschreiben, die sich im Rausch der Großstadt verschlüsselt.

Der Blick, der ewige Verfolger

Der Stadtteil St. Pauli in Hamburg, in dem ich lebe, ist ein großes Seminar der Scham. Nicht vordringlich aus Gründen der Prostitutionsgeschichte, die mit der schleichenden Umwandlung des Quartiers in ein jugendliches Amüsierviertel immer nostalgischere Züge annimmt. Statt dessen liefern die Heterogenität der hier versammelten Lebensstile und die sehr unterschiedliche wirtschaftliche Lage der Bewohner sowie die sehr hohe Besucherdichte eine Situation dauernder Sozialkontrolle, die sich im Schamspiel aus Zeigen und Verbergen äußert.

In St. Pauli leben sowohl wohlhabende Mediengrößen wie Obdachlose, türkische Kleinunternehmer bedienen Mode-Hipster, sektiererische Linksradikale machen sich zu Fürsprechern der hier wohnenden Hartz-IV-Empfänger, die diese wiederum nicht verstehen und verachten, Studenten eröffnen Kneipen in den Räumen pensionierter Plakatmaler für Sex-Shows, Galerien zwängen sich zwischen türkische Arbeitervereine und bunte Kinderläden, total verwahrloste Hinterhofhäuser gibt es ebenso noch wie postmoderne Architektursünden, die Heilsarmee und der Orden von Mutter Theresa haben so regen Zulauf wie die Musicaltheater oder die zahlreichen wummernden Clubs.

Hier begegnet man der Macht des Blicks auf jedem Meter. Sartre bemerkte in seinen Betrachtungen zu dem Thema, daß Scham »in ihrer primären Struktur Scham vor jedermann« sei. Alle Menschen, die uns ansehen oder auch nur ansehen könnten, respektieren wir als urteilende Instanz über unsere Erscheinung, und wir fühlen uns kontrolliert. Und zwar zunächst unabhängig von ihren Werturteilen und ihrem Auftreten. In einem so außergewöhnlich vielgesichtigen Quartier wie St. Pauli bilden die Koordinaten der gegenseitigen Betrachtung aber ein besonders verzwickt-komplexes System.

Die im türkischen Dorfislam verwurzelte Weltsicht einer kopftuchtragenden älteren Frau, die sich vom eitlen Leben um sie herum durch Kleidung, Körperhaltung und in sich gekehrten Blick isoliert, taugt ebenso zum Aufflackern eines Schamkonfliktes wie die Aufforderung einer dürftig bekleideten Prostituierten, doch mal rüberzukommen. Betrunkene Vorstädtler, die sich in St. Pauli mit einer Rücksichtslosigkeit aufführen wie zu Hause niemals, in Hauseingänge pinkeln, Flaschen am Kantstein zerschlagen und jeden Satz mit »Digga« beenden, sind einem mindestens so peinlich wie Polizisten, die ausschließlich die Papiere von dunkelhäutigen Menschen kontrollieren. Daß man am Tag mehrmals angebettelt wird, Menschen sieht, die Flaschen sammeln und in Mülleimern nach etwas Verwertbarem suchen, die kleinen lautstarken und aggressiven Grüppchen von Alkoholikern, der im ganzen Gesicht mit Spinnweben tätowierte junge Mann oder die vielen alten, mittellosen Frauen, die hier ihre grauen Hunde ausführen, all das kann einen mit der Verlegenheit des Mitleids berühren.

Dazu bauen die Abgrenzungen der diversen Kulturen, die das Viertel benutzen, ihre Hemmschwellen auf. Orte sind durch leichtverständliche Zeichen klar definiert nach Alter, Geschmack, Kultur, Gruppenzugehörigkeit. Grenzüberschreitungen sind stark überwindungspflichtig. In einen neonbeleuchteten türkischen Arbeiterverein, wo ausschließlich Männer bei laufendem Fernseher Karten spielen, wird sich niemand verirren, der sonst in der mit politischen Parolen besprühten Roten Flora ein Dub-Konzert besucht und umgekehrt.

Daß jeder Bewohner wie jeder der bis zu 200 000 Gäste täglich sich dem fließenden Urteilsstrom stellt, der an seinen Augen vorbeizieht, ließe sich mit einer endlosen Reihe an stillschweigenden Selbstbefragungen illustrieren: Bin ich chic genug angezogen für ein Szeneviertel? Wie verberge ich meine Armut? Kann ich in diesen Laden hineingehen oder wirke ich da deplaziert? Sehe ich gut aus? Was hat der Blick zu bedeuten? Gibt man hier Trinkgeld? Ist es peinlich, wenn ich leise singe? Maßregelt der Passant die Frau, die den Haufen von ihrem Hund nicht wegmacht? Glaubt der Händler, daß ich seine Ware taxiere? Warum gebe ich eigentlich den Bettlern nichts? Warum schaut die Frau weg, wenn ich sie ansehe? Ist es einladende Schüchternheit oder ausladendes Genervtsein? Sieht es blöd aus, wenn ich auf der Straße ein Bier in der Hand habe? Bin ich zu alt für die Gegend? Ist mein Auftreten zu protzig? Usw. usf.

Der erstaunliche Effekt dieser ständigen Selbstkontrolle ist, daß sie unsere Schamängste nicht aufaddiert, sondern friedlicher stimmt, und zwar um so gründlicher, je unterschiedlicher die Instanzen sind, denen wir täglich begegnen. Der auf den ersten Blick vielleicht verlockende Gedanke, daß die Teilhabe an einer Gesellschaft von Gleichgesinnten mit identischen Idealen die innere Unruhe und Schuldumwälzung zur Ruhe bringen würde, weil man sich von sympathisierenden Vorstellungen umgeben und in klarer Abgrenzung gegen Störungen frei fühlen könnte, wird dagegen von allen derartigen Versuchen widerlegt.

Vermutlich sind die Schamängste nirgendwo höher als in einer sauberen Einfamilienhaussiedlung, im Kloster, im islamischen Gottesstaat, in politischen Befreiungsbewegungen oder am FKK-Strand. Georg Simmels Beobachtungen, daß Beschämung am intensivsten von Menschen ausgeht, »die uns weder völlig fern noch völlig nah« stehen, beschreibt einen Mechanismus, den man nicht generalisieren kann, der aber gerade in homogenen Gruppierungen eine Atmosphäre halbintimer Daueröffentlichkeit schafft, die der Selbstkontrolle extreme Belastungen auferlegt. Jedes System, das sich als Gemeinschaft von Brüdern und Schwestern versteht, überreizt das gegenseitige Verantwortungsgefühl und verweigert seinen Mitgliedern Räume der Anonymität, in denen das Schamgefühl so weit unangetastet bleibt, daß der Mensch seinen Zweifeln lauschen kann.

Je dogmatischer solche Systeme uniformer Glücksversprechen werden, desto mißtrauischer verfolgen sie Anlässe für Beschämung und die Macht des Blicks als Träger von Schuld- und Vorwurfsinformationen. Von der adrett geschnittenen Buchsbaumhecke bis zu Ghettoisierung und Ermordung Andersdenkender reichen die Grenzziehungen auf der nach oben offenen Schmerzskala. Die Angst vor Identitätsverlust markiert sich hier mit eindeutigen Gesten der Ausgrenzung, Kerkerisierung und Strafhaß.

Grundsätzlich stellt alles, was die eigene Identitätsbehauptung kritisieren könnte, eine Belastung des hochsensiblen Schamempfindens dar, aber als Anhänger hoher Ideale ist man gezwungen, diese Bedrohung auf jeden Fall abzuwehren. Die Härte der Maßnahmen steht dabei vermutlich in direktem Zusammenhang mit dem Gefühl eigener Schwäche. Echtes Selbstbewußtsein, also die Fähigkeit, seine unterschiedlichen Seiten offen und kritisch zu behandeln, äußert sich letztlich immer in Gelassenheit. Extreme Verunsicherung über die Richtigkeit der eigenen Anschauungen und fehlendes Vertrauen zu seinen Kräften, mit direkter zwischenmenschlicher Konfrontation umzugehen, verengt die Mittel dagegen zunehmend auf Gewaltakte. Dann gilt, was Abdelwahab Meddeb über den Fundamentalismus schreibt: »Angesichts des Absoluten wird im Fall der Unstimmigkeit die Auslöschung an die Stelle des Kompromisses treten.« Und das betrifft Personen wie Religionen wie Staaten.

Mit einer besonders symbolischen Grausamkeit verfolgen religiös verbrämte Terrorsysteme wie die Taliban-Diktatur solche Tendenzen. Blickbeziehungen zu dem anderen werden entweder physisch verhindert (Burka), sozial normiert (Geschlechtertrennung, Ausschluß von Ungläubigen) oder gewaltsam bekämpft (Dschihad). Jede Äußerung von neugieriger Schamüberwindung, sei es durch kleine Eitelkeiten, Ausgelassenheit, Kinobesuche oder den Besuch von Bildungseinrichtungen, wird drakonisch bestraft. Das Wissen über die atomare Sprengkraft des Selbstbewußtseins, das durch die Überwindung der Schamängste gezündet wird, ist trotz aller doktrinären Stumpfheit bei diesen wie allen anderen Despoten extrem geschärft.

Takt der Stadt

Dagegen ermöglicht die offene, dichte Stadtgesellschaft mit ihrem Rhythmus unterschiedlichster Reize und der fortwährenden Konfrontation mit eigenwilligen Lebensentwürfen, dem verfolgenden Blick seine Schärfe zu nehmen. In der endlosen Kette möglicher Schamanlässe wird das einzelne Erlebnis bedeutungsarm. Die vielleicht einflußreichste Urbanitätsforscherin für das, was wir heute unter intelligenter und humaner Stadtplanung verstehen, die New Yorkerin Jane Jacobs, hat in ihrem epochalen Buch »Tod und Leben großer amerikanischer Städte« bereits 1963 diesen friedensstiftenden Effekt dichter, komplexer und multikultureller Stadtviertel analysiert.

Abwechslungsreiche, innerstädtische Stadtteile wie etwa Greenwich Village, über das sie schrieb, East End in London oder St. Pauli gewinnen nach Jacobs ihre Toleranzkraft aus drei Komponenten: daß »für jeden Bürger einer Großstadt Fremde viel alltäglicher sind als Bekannte«, daß Leute wieder Leute anziehen und daß all diese Menschen »sich kaum bewußt sind, daß sie sich gegenseitig beaufsichtigen«. In dieser dauernden kulturellen Herdenkontrolle steckt ein Potential sozialer Freiheit, das Jacobs zu der Forderung führte, es sei Aufgabe der Stadtpolitik, »großstädtische Mannigfaltigkeit planmäßig zu fördern« (was natürlich bedeutende und häufig nur gegen schwere Widerstände durchzusetzende ökonomische Entscheidungen präjudizieren würde, über die an dieser Stelle nicht in der nötigen Ausführlichkeit Aspekte zusammengetragen werden können).

Sah Jacobs die Zeichen für ein gesundes soziales Miteinander gegeben, wenn die Stadt »einander Fremden gestattet, in Frieden und höflichem, unbedingt würdigem und reserviertem Kontakt miteinander zu leben«, so haben sich die Erscheinungsformen dessen, was die gegenseitige Reserve mittlerweile so mitmacht, seither deutlich verändert – allerdings ohne die grundsätzliche Richtigkeit dieser Aussage in Frage zu stellen. Heute werden Pornofilme auf Bahnhöfen und öffentlichen Plätzen gedreht, jede Form nichtehelicher Lebensgemeinschaften kann sich auch in der wildesten Kostümierung auf der Straße frei fühlen, überhaupt erfahren exaltiertes Verhalten oder sexuelle Unbefangenheit mittlerweile weder Empörung der Betrachter noch Sanktionen gegen den Selbstdarsteller. Sogar Menschen, die es für ihr Selbstgefühl brauchen, starke Schamaffekte zu provozieren, wie die Flitzer der neunziger Jahre, die nackt durch die Straßen liefen, haben mittlerweile vor dem Gleichmut der Bevölkerung resigniert.

Eine kleine Szene in dem Film »Men in Black« illustriert diesen Stummschaltungsmodus fortlaufend gesteigerter Lebenseffekte aus der Hauptstadt des Gleichmuts, New York. Als ein häßlicher Monsterwurm die fahrende U-Bahn zerfetzt, bleiben die Insassen in aller Gemütsruhe sitzen, bis der Geheimagent der Alien-Schutz-Organisation ihnen schreiend erklärt, daß dies kein Fall für New Yorker Coolness ist, sondern echte Gefahr.

Doch so frei sich dieses Leben in progressiver Toleranz auch anfühlen mag, die Menge der Schammomente ist dadurch kaum geringer geworden. Denn der Blick der anderen verfolgt uns natürlich weiter. Da jede unserer alltäglichen Entscheidungen, von der Wahl unserer Kleidung, Worte und Einkaufsorte bis zur Verhandlung von Liebes- und Berufsdingen, zwangsläufig die Ablehnung anderer Positionen, Ausdrücke und Möglichkeiten beinhaltet, steckt in der Freiheit unserer Wahl auch immer die Not der Beschämung.

Ob ich mit den Tüten des deutschen Supermarktes am

türkischen Einzelhändler in meinem Haus vorbeigehe, einen angebotenen Auftrag meiner Redaktion ablehne, weil ich mit meiner Band im Übungsraum verabredet bin, ob ich die Situation offensichtlicher Unschlüssigkeit vor einem Restaurant nicht ertrage und lieber hungrig weiterziehe, als genauer durch die Scheiben zu sehen, ob ich mich traue, auf der Straße zu summen oder zu furzen, wie lange ich jemandem in die Augen sehe, ob ich den Lärm meiner Nachbarn ertrage oder gegen meinen inneren Widerwillen mich beschweren gehe, wie ich mit Sachen umgehe, die mir geschenkt wurden, aber mir nicht gefallen, und wie ich auf ein Lob reagiere, das ich vielleicht nicht ganz verdiene, aber durch Zurückweisung nur unangenehm verstärke – all diese Situationen, von denen wir täglich zahlreiche erleben (und die bei einem Hartz-IV-Empfänger in Rostock-Lichtenhagen sicherlich ganz anders beschrieben werden müssen als bei einer erfolgreichen Unternehmerin mit vier Kindern in Köln), befreien uns auch in der größten Herzlichkeit unserer Reaktion nicht vor Scham- und Schuldgefühlen. Es ist uns schlechterdings nicht möglich, die verlegene Seite unserer Entscheidungen zu vermeiden. Wir können nur frei darin werden, wie wir sie bewerten.

Das Gelächter der Mädchen

Doch bevor wir lernen können, die dauernde Verwirrung, die uns die Schamkonflikte verursachen, mit Gelassenheit zu behandeln, müssen wir ihren Schmerz erst einmal erfahren und verstehen. Und da ist in der Regel keine Schule härter als die Pubertät. Der humorlose Tumult der Gefühle, den die hormonelle Verwandlung des Interesses bewirkt, erlebt wohl kaum jemand als reine Segnung. Auf jeden vorsichtigen Schritt, seine Wünsche offen zu zeigen, lauert bittere Enttäuschung und tiefe Verletzung.

Die Unsicherheit, ob das eigene Begehren bei demjenigen positive Aufnahme findet, in den man verliebt zu sein scheint, das mangelnde Wissen um die eigene Wirkung, die bis dahin nur bruchstückhafte Vorstellung über die Gefühle der Menschen und die Zeichen ihrer Zuneigung, all diese Aufgaben der Privatheit quälen jedes halbwegs sensible Menschenwesen parallel zur Entwicklung der Geschlechtsmerkmale – und manchmal weit darüber hinaus.

Wie die meisten Jugendlichen es in vergleichbaren Begriffen ausdrücken würden, glaubte auch ich die meiste Zeit meiner Pubertät, es gäbe irgendeine geheime Abmachung zwischen Männern und Frauen, wie man zueinanderfindet, die man nur mir und anderen Idioten nicht erzählt. Mißverständnisse und Fehlinterpretationen von Zeichen hielten mich in energischer Aufregung. Verliebtes Necken und kränkende Ablehnung konnte ich sowenig unterscheiden, wie andere in meiner Schroffheit emotionale Überforderung oder jugendliche Grausamkeit auseinanderzuhalten fähig waren. Quälende Grübeleien, wie manche Worte und Bemerkungen zu verstehen sind, die panische Angst vor peinlichen Situationen, sei es durch falsche Aussagen oder auch durch hilfloses Schweigen, lehren den heranwachsenden Sehnsuchtsbrocken mit einer erklecklichen Zahl an Wunden die Macht der Worte und Gesten — und damit ihre beschämende Spontangewalt.

Das einzige, was hier Rettung verspricht, sind positive Erfahrungen in steigender Zahl, deren Eintreten aber leider oft einer absurden Zufälligkeit unterliegt. Neben dem eigenen Mut und dem Talent zum Humor, deren Fehlen den Annäherungsproze rapide verlangsamt, spielen vor allem zahlreiche Aspekte elterlicher Orts- und zufälliger Klassenwahl, entwickelter Interessen und sozialer Schranken, persönlichen Aussehens und modischer Kurzzeitideale eine Rolle, die zu durchschauen und auszumerzen wahrlich zuviel verlangt wäre von Neulingen in der Klasse des Geschlechterkampfes.

Und jene, denen das Begehrtwerden dank genetischer und sozialer Voraussetzungen in den Scho fällt, haben es auch nicht wirklich besser. Vermutlich, weil sie wichtige Lektionen von Verletztwerden und Wideraufstehen nie lernen mußten, fehlen ihnen später oft entscheidende soziale Fähigkeiten. Von allen erwachsenen Menschen, die ich kenne, denen Kontaktaufnahme scheinbar immer leichtfiel, die den Austausch von Körperflüssigkeiten mit wechselnden Partnern im fortgeschrittenen zweistelligen Bereich vorweisen können und die in jungen Jahren eine Souveränität ausstrahlten, die jedem normalen Kind vor Bewunderung die Schuhe auszog, erklärten sich die meisten später für real kreuzunglücklich. Es scheint eine dieser ungerechten Wahrheiten des Lebens zu sein, aber wer sich als Kind nicht blamiert, versäumt das Beste vom erwachsenen Leben.

Leider funktioniert der Umkehrschlu nicht. Peinliche Enttäuschungen, Schikanen und tiefe Demütigungen immunisieren keineswegs automatisch die eigene Verletzlichkeit, sonst wären ja alle Menschen glücklich — außer

Therapeuten, Fernsehpredigern und Sachbuchschreibern. Vielmehr lernen wir eher ein enormes Repertoire an Scheinargumenten, um das uns seelisch Unangenehme zu verbergen und von unseren Gefühlen abzulenken, als daß wir ein Vertrauen darin ausbilden, daß jeder Mensch, dem wir begegnen, ein mindestens ebensogroßes Arsenal an Schamlähmungen besitzt wie wir selbst.

Eher erklären wir, daß wir den abgelegenen Skiort dem Trubel am Matterhorn vorziehen, als vor anderen einzugestehen, daß wir uns Zermatt einfach nicht leisten können. Eher heucheln wir Desinteresse an einer Position oder Person, als uns in einer aussichtslosen Situation mit Geständnissen zu kompromittieren. Eher machen wir uns zum Geschmacksrichter, als anderen die Möglichkeit zu geben, unser Auftreten zu kritisieren.

»Zeige deine Wunden!« – diese Parole von Joseph Beuys hat in diesem Zusammenhang nicht viel von ihrer Aktualität verloren. Statt sich ewig hinter dem Anschein von Stärke zu verstecken, ist es in Konflikten häufig viel hilfreicher, die eigene Unsicherheit selbstbewußt einzugestehen oder eine verkantete Situation mit der Gebärde der Selbstkritik zu öffnen. Verletzungen zu benennen ermöglicht überhaupt erst die offene Aussprache, die vor weiteren Konflikt-U-Booten bewahrt. Solange das Bekenntnis von eigenem Unvermögen, nagenden Kränkungen und Ängsten nicht zum ewigen Lamento wird, das jede Beziehung zerstört, ist es der Eingang zu einer besseren, weil offeneren Auseinandersetzung.

Andererseits ist es schwer, jemanden einen Vorwurf zu machen, der seine vermeintlichen Makel weiterhin verschleiert, da wir bei allen öffentlichen Appellen an die soziale und psychische Rücksichtnahme eindeutig immer noch in einer Gesellschaft leben, der in den meisten ihrer Bereiche die Bereitschaft fehlt, Wunden auch sehen zu wollen. In unserer stolzen Leistungsidee mangelt es bis auf wohlgehütete Nischen privater, therapeutischer und künstlerischer Prägung per definitionem an der Absicht, Versagen, Ängste und Ehrlichkeit offen zu verhandeln. Im Wirtschafts- wie im Beziehungsleben ist Schwäche letztlich oft unerwünscht. Motivationsmängel und andere depressive Erscheinungen heißen im Büro Faulheit, Unzuverlässigkeit oder Egoismus. Und wer in privaten Trennungsgesprächen seine einst im Liebestaumel vertrauensvoll geäußerten Unzulänglichkeiten als Vorwürfe um die Ohren geschlagen bekommt, der lernt für die Zukunft gründlich, mit seinen Schattenseiten diskreter umzugehen.

Babylon der Schamsprachen

Unsere Kultur besitzt ein sehr umfangreiches Rollenbuch über unverständliches Schamverhalten. Immer, wenn wir auf eine Handlung stoßen, die offensichtlich kontraproduktiv, destruktiv oder selbstzerstörerisch, merkwürdig, verweigernd, herrisch oder falsch ist, die grundsätzlich vom Konsens zuvorkommender, freundlicher, hilfsbereiter und herzlicher Verhaltensweisen abweicht, die spontan als gut empfunden wird, handelt es sich vermutlich um eine dieser disziplinierten Schauspielerleistungen der verletzten Seele.

Dank unserer gut geölten Erklärungswirtschaft muß man sich die prägnantesten davon gar nicht mehr selber ausdeuten. Der cholerische Chef überspielt seine fehlende Autorität und sein unsicheres Selbstbewußtsein mit aggressiver Einschüchterung. Die kalte Schönheit hat sich eine mimische Muskelverhärtung gegen fortwährende männliche Geringschätzung und Übergriffigkeit zugelegt. Dem arroganten Geck mangelt es an der Sicherheit, unbefangen Kontakt aufzunehmen. Die herrische Mutter gibt die Demütigungen ihrer Kindheit weiter.

Schwieriger für die Wahrnehmung wird es schon, wo in positiv besetzten Figuren, deren Arbeit zunächst wohltuend und konstruktiv erscheint, sich demütigende Verhaltensweisen verbergen. Der erfolgreiche Regisseur, der sensibel beobachtete Inszenierungen verantwortet, kann dieses Ziel auch mit der feinnervigen, permanenten Demütigung seiner Schauspieler erreichen. Der Verfasser vitaler wissenschaftlicher Werke mag in den Diskussionen, die sein eigenes Wissen vermehren, eine Frageweise entwickeln, die seine Kollegen zunächst subtil bloßstellt, um sie dann seiner Neugier gefügig zu machen. Der Krebsarzt kann eine mechanisierte Freundlichkeit entwickeln, die bei seinen Patienten das Vertrauen schafft, das seiner Diagnose dienlich ist, die seinen wahren Zynismus aber nur mit falschem Beteiligtsein bemäntelt.

Noch komplizierter wird es in Liebes- und Freundschaftsbeziehungen, wo Vertrauen und Zuneigung die Kommunikation bestimmen sollten, sich tatsächlich aber oft zahlreiche unverständliche Verhaltensweisen begegnen, die man zu dulden oder zu hassen lernt, die zur Routine führen, in der Trennung oder beim Paartherapeuten enden können. Sexuelle Vorlieben oder Abneigungen sind hier natürlich ein klassisches Feld der Schamängste, aber das Kauderwelsch der Schamsprachen vergällt Menschen ja manchmal schon das Knüpfen einer Beziehung.

Da verwandeln sich Minderwertigkeitskomplexe in kleine Hilfslügen, deren zwangsläufige Aufdeckung mit einer schmerzhaften Irritation einhergehen kann. Körperliche Verspannungen verbergen vorhandene Reize mit ängstlichen, überreizten und abwehrend erscheinenden Grimassen. Nervosität zeugt zahllose peinliche Übersprungverhalten, die so viel Scham erzeugen können, daß man sich nicht wieder meldet. Und wenn man erst damit beginnt, das ganze coole Posenkabinett auszumalen, hinter dem sich Schwäche, Nervosität, Ängste und Hilflosigkeit verbergen, dann steht man plötzlich im Zentrum der Popkultur, wo Schauspielerei der Urschlamm aller Kreativität ist.

Helden der Scham III
CURZIO MALAPARTE

Vielleicht waren es nicht nur die berühmte Treppenarchitektur und die herrliche Lage auf einem Felsvorsprung über dem Meer der Insel Capri, die Jean-Luc Godard dazu veranlaßte, zentrale Szenen seines Films »Die Verachtung« in der Casa Malaparte zu drehen. Die Stimmung von Selbststilisierung und Abscheu, kühler Distanz und Begehren, die Godard 1963 in seinem berühmten Drama mit Brigitte Bardot, Michel Piccoli und Jack Palance zelebriert, paßt so vollständig zu dem Werk des Bauherren dieses Kleinods, daß es wie ein komplexes Porträt der Zerrissenheit von Curzio Malaparte erscheint.

Der als Kurt Erich Suckert 1898 in Prato geborene Deutsch-Italiener, der sich 1925 in ihm eigener Eitelkeit nach Napoleon Bonaparte (»gutes Teil«) in Malaparte (»schlechtes Teil«) umbenannte, war einer der schillerndsten Chronisten des europäischen Schlachthauses. Als Soldat zweier Weltkriege, Lobsänger dreier Systeme und Jongleur von zahlreichen Freiheitsbegriffen und historischen Wahrheiten blieb Malaparte im Urteil seiner Zeitgenossen immer ein Autor, der sich nur mit einer Mischung aus Bewunderung und Verachtung lesen ließ. Seine Verherrlichung des italienischen Faschismus, die so lange währte, bis man ihn 1933 für seine Spottlust auf die Insel Lipari verbannte, seine spätere Wertschätzung des Sowjetsystems, die in einem erfolglosen Aufnahmeantrag an die KPI 1944 gipfelte, und seine aristokratische Kulturbeflissenheit, die ihn als Prachtexemplar bürgerlicher Eliten zum Kontakt mit den Leitfiguren aller politischen Seiten befähigte, verspinnen sich in seinem Werk zu einem Netz der Widersprüche, an dem die irritierte Aufmerksamkeit immer wieder haften bleibt. In seinen Schlüsselwerken »Kaputt« und »Die Haut« – Betrachtungen des Kriegsgeschehens, das Malaparte einmal als journalistischer Frontbegleiter der Nazis und in »Die Haut« als Offizier im Dienst der amerikanischen Armee beschreibt – führt Malaparte seine indifferente Haltung zu einer Form der Befremdlichkeit, die aus der schizophrenen Position des Bohemien zur Menschlichkeit eine eigentümliche Kraft gewinnt.

Als Mann mit übersteigerten Ehrbegriffen quält Malaparte die enthemmte Bestialität und das alles erfassende Unrecht mit Scham- und Schuldgefühlen. Als Weltmann mit einem Selbstbild überlegener Gefaßtheit und untrüglichen Urteilsvermögens kämpft er sprachlich um eine Souveränität, die angesichts des Horrors, den er beschreibt, völlig absurd ist. Doch gerade indem er sich selbst zum kultivierten Helden einer unkultivierten Zeit stilisiert, gelingt Malaparte etwas, das den meisten anklagenden und parteilichen Kriegsromanen versagt bleibt: das Obszöne des Heldentums, diese Verbindung von Kitsch und Angst, drastisch vorzuführen.

Malapartes verstörende Methode, stets ästhetisch mit dem Grauen umzugehen und seine Gefühle nur vom Roß der Vernunft herab zu erklären, reizt den Widerwillen so stark, daß man das, was er so vehement unterdrückt, um so intensiver empfinden muß: die Verwüstungen der Schuld- und Schamgefühle, die den Krieg begleiten und am Leben erhalten. Der Narzißmus des Autors stimuliert die kritische Neugier, wie es ein Appell an die Betroffenheit vielleicht nie könnte. Und so wird die Verachtung zum Requiem des Heldentums.

Das innere und äußere Blutantlitz

Zu gerne möchten wir glauben, daß die Ausstrahlung von Hip-Hop-Musikern und Filmdiven, Zottelrockern und Supermodels, Fußballstars und Serienhelden Ausdruck beständigen Selbstbewußtseins ist. Aber tatsächlich erzählen die meisten Biographien großer Stars davon, daß der positiven Energie ihrer Selbstdarstellung eine depressive, zwanghafte bis selbstzerstörerische Selbstwahrnehmung gegenübersteht. Ob der Komiker Owen Wilson, der drei Selbstmordversuche unternommen hat, oder der Sänger George Michael, der sich wiederholt beim Toilettensex oder im Drogenrausch von der Polizei erwischen ließ, die depressive Souldiva Mariah Carey oder die jahrelang von ihrem Mann verprügelte Tina Turner, ob die zum Drogenwrack mutierte britische Sängerin Amy Winehouse oder der wegen psychischer Erschöpfung dem Fußball entsagende »Basti Fantasti« Sebastian Deisler – die Eleganz und Euphorie, die diese bejubelten Stars mit ihrer Performance erzeugen konnten, brauchten offensichtlich nach innen so viel Platz zur Entfaltung, daß eine große Leere den Raum einnahm, den sonst ein glückliches Körpergefühl beanspruchen sollte.

Wie der Psychologe Francis Boucek schrieb, führt »die Überbesetzung des idealisierten Selbstbildes« zu einer »Entwertung des tatsächlichen Selbst«. Und da nur die wenigsten dieser Superhelden den Selbstmord ihrer Karriere mit irgendwelchen Offenbarungen über ihre tatsächlichen Gefühle herbeiführen möchten, erfährt die Öffentlichkeit von den wahren Ängsten hinter den Posen so wenig, daß sich die Mär vom herrlichen Vorbild beständig weiterverbreiten kann.

Diese gebrochenen Idole führen dann in der Regel

auf ihren jeweiligen Bühnen überwältigend inszenierte Vorbilder aus, wie Schamängste glamourös vergessen, bekämpft oder ignoriert werden können, denen wir nur zu bereitwillig glauben möchten. Doch ob wir uns dem Popgedanken vom siegreichen Schönen naiv oder kritisch hingeben, wir kommen nicht umhin, zu bemerken, daß die unglaubliche Gier nach Helden, die unsere Gesellschaft auszeichnet, ihre Wurzel im Schamgefühl hat.

Nehmen wir die unversöhnlichen Krieger, verkörpert von geradlinigen Männern wie Charles Bronson, Sylvester Stallone, Arnold Schwarzenegger, Jean Claude van Damme oder Chuck Norris. Ihre Filme entwickeln sich immer aus einer tiefen Kränkung der männlichen Ehre, die sie dadurch ausgleichen, daß sie ihre Schamesröte erst in Zornesröte tauschen, um schließlich ihr Gesicht mit dem Blut anderer zu färben. Das Vorbild dieser Ausstülpung des inneren zum äußeren Blutantlitz, wie es vor allem im Rachemythos des amerikanischen Blockbuster-Kinos unsterblich ist, heißt Henry IV. und sagt bei Shakespeare, nachdem er sein weichliches Lotterleben mit dem ehrenvollen Gemetzel der Schlacht getauscht hat: »Wann ich ein Kleid, von Blut ganz, tragen werde, und mein Gesicht mit blut'ger Larve färben, die, weggewaschen, mit sich nimmt die Scham.«

Da dem Heroismus ein enormer Schamdruck eingeschrieben ist, nämlich die Gefahr, das verwirrende und widersprüchliche Innere des Menschen nicht mehr mit dem vorbildhaften Verhalten zur Deckung zu bringen, das von einem Helden erwartet wird, neigt diese Figur zu unverhältnismäßiger Verzweiflungsgewalt und klischeehaftem Gebaren. Das ist allerdings nicht endlos ohne Spott (also öffentliche Beschämung) dramatisch strapazierfähig.

Deswegen produziert die suggestive Erzählung des Massenkinos zuletzt verstärkt gebrochene Helden, die zumindest in humorvollen Ansätzen und Momenten die Redensart bestätigen, daß Riesen die eigentlichen Zwerge sind. Superhelden wie der saufende und auf Parkbänken schlafende »Hancock«, der depressive Batman von Christian Bale oder die überdrehten Serienkiller des Tarantino-Kinos geben zwar einen sehr ironischen Blick auf das Unbesiegbare frei, korrigieren aber dennoch das grundsätzliche Dilemma, das hier gezeigt wird, nur wenig. Schambewältigung durch Heldentum funktioniert im richtigen Leben nicht.

Ehre ist deswegen eine so verderbliche Variante des Schamgefühls, weil sie sich immer eines Idealbildes versichern muß, das zum einen in seiner Absolutheit unerreichbar und damit Quell dauernder Frustration bleibt, zum anderen aber beim Scheitern an äußeren Umständen dazu neigt, dank der Absolutheit dieser Wertvorstellungen ins radikale Gegenteil umzuschlagen. Ehre oder Tod, die Alternativen des heroischen Militarismus, wie sie im Heldenkino mit großem Erfolg immer wieder aufgelegt werden, sind Ausdruck eines maßlos übersteigerten Schambegriffs, der die ganze militärische Geschichte der Menschheit durchzieht. Lieber das Leben zu geben, als das Gesicht zu verlieren, lieber Rache zu üben, als in Schande zu leben, lieber Gut und Liebe opfern als den Stolz, das ist die Seelenwehr des richtigen Mannes gegen die Schmerzen der Scham.

Doch diese Gleichsetzung von Ehre und Ich, die bei Ehrverlust den Tod zum festen Bestandteil männlichen Selbstverständnisses macht, hat zwar herrliche Mythen von siegenden und fallenden Übermenschen auf uns gebracht. Rational (wie auch militärisch) betrachtet, produziert die Unbeweglichkeit des Ehrbegriffs aber viel eher fatale Fehler mit oft grauenerregenden Folgen.

Man mag Zweifel daran hegen, daß in den Zeiten von

Vlad dem Pfähler und Attila dem Hunnenkönig Besonnenheit und freundliche Diplomatie zu besseren Ergebnissen geführt hätten als bestialische Grausamkeit und fehlendes Mitgefühl. Aber alle zuletzt für die nationale und persönliche Ehre geführten Kriege und Auseinandersetzungen, die auf der starren Dualität von Gut und Böse, Ehre oder Tod basieren, beweisen, daß Ehre nur ein gesteigertes tödliches Risiko ist, das den Blick für wirksamere Handlungsalternativen verstellt. Ohne wahnhafte Begriffe von männlicher und nationaler Ehre wären weder der Erste noch der Zweite Weltkrieg, weder der Vietnam- noch der Balkan- oder Golfkrieg denkbar.

Und dennoch ist der Heroismus als Therapie gegen Ehrverlust, Demütigung und Schande in der inszenierten Öffentlichkeit nach wie vor absolut virulent. Anstatt zu erörtern, wie die Macht von Beschämung, Schande und Diskriminierung dadurch gebrochen werden kann, daß man sie als Teil des Lebens akzeptiert und dadurch ihrer Wirksamkeit beraubt, gibt das erfolgreichste Kino aller Zeiten der Welt immer wieder eine Lektion von der uniformierten Geometrie militärischen Aberglaubens.

Schöne Ordnungshüter

Die Formen des modernen Heroismus zeigen sich aber keineswegs nur in den Rollenbildern von Actionfilmen, die mit einem Etat gedreht werden, der dem Haushalt eines afrikanischen Kleinstaats entspricht. Vielmehr sind die Vorbilder für ein glanzvolles Dasein ohne Schamschmerz und schlechtes Gewissen entsprechend den mannigfaltigen kulturellen Perspektiven der Zuschauer differenziert. Da gibt es den gefühlvollen Liebhaber, den geheimnisvollen Schlurfi, den ewig jungen Partystar, den großen Spaßmacher, den Coolen oder den Nerd. Gemeinsam ist diesen Maskeraden, daß sie alle Modelle einer Souveränität sind, die autark und unangepaßt auftritt, wobei der Rahmen, in dem diese Souveränität funktioniert, grundsätzlich nie thematisiert wird.

Weibliche Entsprechungen sind dagegen trotz aller feministischen Umwälzungen primär immer noch repräsentiert durch außergewöhnliche Schönheit, Sinnlichkeit, Streben nach Partnerschaft, Zerbrechlichkeit und Schutzsuche sowie familiäres Verantwortungsbewußtsein – wobei der Rollenpark in den letzten Jahren sporadisch erweitert wurde durch toughe Einzelgängerinnen, charmante Lesben, Tank-Girls und herzliche Intellektuelle. Trotzdem zählen bei den weiblichen Rollenbindungen Konfliktvermeidung und Versöhnung immer noch sehr viel mehr als Kampf, List und Selbständigkeit.

Notwendig für diesen Heldenstatus ist – und das läßt sich beliebig auf Fußballer, Popmusiker oder andere Medienstars erweitern –, daß die Frage nach einem ganzheitlichen Bild der Persönlichkeit nie gestellt, ja sogar angstvoll vermieden wird. Versuche, die speziellen Talente, das aufreizende Äußere und die überlegenen Handlungsmuster der Stars aus dem Verbergen von Wunden zu erklären, findet Interesse höchstens in publizistischen Randorganen oder posthum. Trotz aller Klatschpresse wird die Recherche über ein vollständiges Bild der Persönlichkeit von Medienhelden, welches eben auch Verletzungen, Ängste und Neurosen beschreibt, um so stärker vermieden, je mehr diese Inszenierung auf breiten kommerziellen Erfolg zielt, also von ökonomischer Bedeutung ist (Ausnahme sind hier die Bad Guys und wilden Schlampen, über deren Exzesse und Skandale zwar ausführlich gesprochen wird, deren Verzweiflungsmotive aber dennoch nie zum Anlaß von Interviewfragen oder Porträts werden).

Diese Beschränkung auf die Lichtseite öffentlicher Personen hat den Effekt, daß mit ungeheurer Breitenwirkung unaufhörlich die Botschaft reproduziert wird, Problemlösung sei ein Produkt energischer Selbstbehauptung und nicht Folge eines Prozesses mühsamer Nachforschungen. Damit etabliert sich in der öffentlichen Vorstellung ein Ideal der sportlichen Konfliktregie, das im tatsächlichen Leben keines seiner Versprechen erfüllen wird. Überidentifikation mit Heldenmustern erzeugt vielmehr im leichten Fall Lächerlichkeit, kann aber im Ernstfall beim Gefängnisaufenthalt enden. Denn für die Nachformung einer Bruce-Willis- oder 50-Cent-Identität im bundesdeutschen Gebrauchsalltag ist das Bürgerliche Gesetzbuch ein effektiver Widerstand.

Solange man Traum und Wirklichkeit auseinanderhalten kann – und ich bin mir sicher, das können die allermeisten Menschen –, ist die Frage einer unmittelbaren Übersetzung falscher Vorstellungen vom Leben tatsächlich keine stark besorgniserregende Sache. Gewaltakte, die in direkte Verbindung zur Bildproduktion von Videospielen und Filmen gebracht werden können, scheinen mir doch eindeutig die Ausnahme von der Regel zu sein. Es geht hier auch nicht darum, die Traumproduktion einer Industrie verächtlich zu machen, die von Milliarden Menschen inklusive mir selbst wegen ihres Unterhaltungstalentes geliebt wird. Es ist nur so, daß dieser Traum von der individuellen Unbesiegbarkeit ganz offensichtlich auf eine breite Erfahrung persönlichen Mangels trifft, die sich eine heilsame Flucht aus der eigenen Enge verspricht, wenn sie sich in den Körper von Batman und George Clooney träumt.

Indem sie uns direkt an unseren Minderwertigkeitsgefühlen, unserem schamhaft verborgenen Mangelgefühl von fehlender Souveränität packt, macht uns die Bildproduktion des Heroismus zu willigen Konsumenten. Diesen Angelhaken kann man als wohlschmeckend akzeptieren, aber man sollte nicht vergessen, daß es einer ist.

Helden der Scham IV
LEIGH BOWERY

Ein schönes Mittel schüchterner Menschen zur Überwindung ihrer Ängste ist die Verkleidung. Sie eröffnet die Freiheit des Schauspiels, liefert den Vorwand, sich selbst neu zu erfinden, und verspricht, wie ein Panzer alle Kritik abzuhalten, da die Beurteilung nur die Rolle meint, nicht den Menschen. Diese Selbstverwandlung haben wenige Menschen so weit getrieben wie Leigh Bowery. Von 1980, als er von Australien nach London zog, bis zu seinem AIDS-Tod 1994 entwarf sich Bowery als Kunstwerk für das Publikum der britischen Club- und Popszene mit großem Furor immer wieder neu. Er schneiderte sich Kostüme, die in der hemmungslosen Überzeichnung von Geschmacklosigkeiten und Modesünden, Sexutensilien und historischen Zitaten den Menschen vollständig hinter einer monströsen Travestie verschwinden ließen, und ging bis zur Unkenntlichkeit verkleidet nachts in die Clubs Londons. Groteske Ausstülpungen, lächerlich bunte Stoffe, Kopfbedeckungen, die von Kloschüsseln, Pickelhauben, monströsen Cowboyhüten, Totenköpfen bis zu Penismützen reichten, Accessoires des Glamours, der Biederkeit wie der Fetischmoden kombinierte Bowery zu einem völlig eigenen Ausdruck exzessiver Künstlichkeit, den er durch einen comicartigen Schminkstil, der das Gesicht vollständig in eine Maske verwandelte, noch zu steigern wußte.

Obwohl für seinen Mut, sein gestalterisches Talent und seine Exaltiertheit von einer großen, internationalen Fangemeinde bewundert und trotz seiner wahllosen Promiskuität beschrieben Bowerys Freunde ihn als sehr schüchternen Menschen, der sich vor seinem eigenen Aussehen gefürchtet hätte. Seine offensichtliche Häßlichkeit konnte er nur dadurch ertragen, daß er sie ins Maßlose übertrieb. Seine »Looks« zeigten aber nie die aggressive Provokation, wie sie der gewöhnliche Bürgerschreck benutzt. Bowery verband in seinen androgynen Kunstfiguren Bedrohlichkeit, Humor und Kunstfertigkeit so gekonnt, daß ihr Ausdruck bei allem möglichen Schock über die extremen Formen der Verkleidung immer kunstvoll und lustig blieb – und dadurch gab Bowery unzähligen Menschen den Mut, zu ihrem Anderssein zu stehen und es mit Freude zu gestalten.

Bowery selbst nannte die Verlegenheit einmal einen »schwarzen Fleck auf der Landkarte der Emotionen«, den es immer noch zu erforschen gelte, und er selbst führte dazu eine Ein-Mann-Expedition bis weit hinter die Schamgrenzen. Wo andere ihre Makel mit Verkleidung zu kaschieren trachteten, vergrößerte Bowery sie noch mit grellen Effekten. Das Resultat war eine Umwertung im Geiste des Punk. Das Häßliche und Geschmacklose, das Unförmige und Peinliche fand die Weihen eines überlegenen Stils und Anerkennung im Kontext der Kunst und des Schönen. Sein Genie der Selbsterfindung machte Bowery zu einem Leonardo der Travestie.

Inflation der Masken

Der Wunsch nach Souveränität, die als tatsächliches Lebensgefühl so schwer zu erringen ist, findet aber noch weit mehr Schamsprachen, um den Menschen wenigstens so aussehen zu lassen, als wäre er cool. Eine bedeutende Maskierung, die oft in Verbindung mit popkulturellen Phänomen auftaucht – da Unterhaltung als Medizin betrachtet wird, diese zu vertreiben –, ist die Langeweile, vor allem, wo sie zur Schau getragen wird. Man findet diese Technik präparierter Gelassenheit in zahllosen Formen im Feld jugendlicher Selbstbehauptung, wo sie die verwirrte Innerlichkeit gegen Enttarnung schützt.

Aber auch Erwachsene bedienen sich des gelangweilten Ausdrucks, der dann Coolneß heißt, um emotionale Überforderung zu verbergen. Das Unbeteiligtsein, das zu einem gängigen Modell öffentlicher Selbstdarstellung geworden ist, liest sich aber genausogut als der Versuch, Berührung zu vermeiden.

In ihrer extremsten Form führt diese Abwehrhaltung zu einer erstarrten Mimik, die man als den Ausdruck einer fleischlichen Maske kennt, welche die Medizin Alexithymie nennt. »Wenn Gefühle an sich als unpassend angesehen werden, wenn ihr Glanz ausgelöscht wird, dann zieht der feuchtkalte Nebel der Langeweile auf«, schreibt der sicherlich bedeutendste Theoretiker der psychologischen Schamuntersuchung, Léon Wurmser. Das Gefühl, liebesunwert zu sein, das Wurmser in seinem Standardwerk »Die Maske der Scham« immer wieder als Ursache großer Schamängste aufspürt, kann sich aber nicht nur in gelangweiltem Auftreten zeigen, sondern natürlich auch im absoluten Gegenteil. Große Leidenschaftlichkeit und exzessive Obsessionen dienen ebenso als Ausdruck heftiger Schamangst.

Indem sie permanent einen emotionalen Ausnahmezustand herstellen, hoffen manche Menschen, die Stimme der Scham zu übertönen. Wobei es durchaus vorkommt, daß Personen, die für ihr exaltiertes Auftreten kritisiert werden, auch die Scham über ihr unbotmäßiges Verhalten noch demonstrativ laut ausleben. Die Scham ist dann nicht mehr die tatsächlich empfundene Verlegenheit, sondern eine weitere orchestrierte Außenorientierung zum Zwecke der Ablenkung vom inneren Monolog.

Wurmser benennt solche Verhaltensweisen mit dem schönen klinischen Namen »schamabwehrende Deckaffekte« und führt dazu fast das gesamte Arsenal aktiver menschlicher Ausdrucksformen auf. Nicht nur leicht nachvollziehbare Tarnaktionen wie dauerndes Spötteln und eitles Gegockel, Verachtung, Jähzorn oder zehrenden Neid zählt Wurmser zu diesen Deckaffekten, sondern auch Liebe. Das mag überraschen, halten wir doch Liebe für das schönste und beste der menschlichen Gefühle, dem wir nicht die Kartenspielermentalität unterstellen wollen, nur als Bluff für mangelnde seelische Fitneß herzuhalten.

Aber wer schon einmal einem Menschen begegnet ist, dessen überbordende Zuneigung bei einem selbst das Gefühl ausgelöst hat, mit diesem Feuer gar nicht gemeint zu sein, der versteht vielleicht, was Wurmser meint. Das traurige Gefühl, etwas Liebesunwertes zu sein, kann sich in scheinbar leidenschaftliche und pathetische Gefühle verwandeln, mit denen die Widerlegung dieser Empfindung erzwungen werden soll. Alle Empfindungen müssen dann dringlich, groß und echt sein und auch so ausgedrückt werden.

Doch als Beziehungspraxis führt diese Gefühlsinvasion auf das begehrte Territorium natürlich zu dem gegenteiligen Effekt. Der liebesleidende Mensch gibt dem Objekt seiner Sehnsucht das Gefühl, bedrängt und erpreßt zu werden, ständig in der Bringschuld für ebensolch gewaltige Gefühle zu sein, und darauf reagieren die wenigsten Menschen mit Gegenliebe. So verscheucht der unglückliche Liebeskämpfer mit seinem Übermaß an emotionaler Energie die möglichen Gefühle des anderen und beweist sich mit solchen Enttäuschungen immer wieder selbst, daß er nicht wert ist, geliebt zu werden. Wer aus solchen fatalen Zirkeln nicht selbst zu entkommen weiß, braucht vermutlich therapeutische Hilfe, um endlich davon befreit werden zu können.

Distanzwaffen der Seele

Wurmsers einleuchtende These, daß prägende kindliche Situationen, in denen das Zeigen von Schwäche, Verletzlichkeit und Bedürftigkeit mit dem Entzug von Zuneigung bestraft wurde, zur Ausbildung der schamleugnenden Deckaffekte führen, kann einen auf zweierlei aufmerksam machen: den eigenen Kindern diese Lehren zu ersparen, indem man auf ihre Schwächen ebenso ernsthaft und freundlich reagiert wie auf ihre Stärken. Obwohl es vermutlich nie ganz gelingen wird, weil man beim notwendigen Aufzeigen von Grenzen Kindern manchmal auch mit Vehemenz entgegentreten muß, trägt Freundschaftlichkeit, Güte, Gelassenheit und Interesse grundsätzlich mehr zu einer glücklichen Entwicklung bei als Strafen und demonstrative Autorität. Kinder in ihrer neugierigen Weltsicht lernen mehr aus positiven Erfahrungen, erst Erwachsene, gefangen in Routinen, lernen besser aus Fehlern, die sie wachrütteln.

Wurmsers Überlegungen können hier helfen, denn wir machen viele Fehler im Umgang mit anderen Menschen, wenn wir von der Angst geplagt sind, die Kontrolle über unsere Gefühle zu verlieren. Jede gelassene Selbstbeherrschung setzt zwar auch eine bewußte Kontrolle der Gefühle voraus, aber wenn wir innerlich beherrscht sind von der Angsterinnerung, uns mit dem Ausdruck von Freude und Zuneigung zu blamieren oder sogar Strafe zu provozieren, dann verlieren wir einen großen Teil unserer sympathischen Qualitäten. Die Furcht, eine Seite von sich zu zeigen, die in der Kindheit als niedrig verachtet wurde, äußert sich dann in emotional kontrollierten und verengten Verhaltensweisen wie Zynismus, Kälte, Herablassung, Fatalismus oder Verachtung. All diese Verhaltensweisen sind vermutlich heftige Abwehr gegen die unangenehme Erinnerung, wie Gefühlsäußerungen von Personen, die man liebte, extrem negativ beantwortet wurden. Da vermutlich jeder diese beschämenden Erfahrungen in unterschiedlich intensiver Form gemacht hat, sind wir alle immer wieder bemüht, sie in möglichst großer Verhaltensdistanz vergessen zu machen.

Nur in der Entfernung fühlen wir uns unverletzlich. Und unsere alltäglichen, erwachsenen Erfahrungen geben uns in diesem Abstandhalten zunächst recht. Obwohl sie uns spürbar vom echten Wohlbefinden entfremden, sind die Distanzwaffen des Verhaltens nämlich zunächst sehr wirksame Werkzeuge, um Beschämung zu entgehen – Nähe und Blickkontakt vorausgesetzt. Niemand ist so frei, auf diese Reaktionen ganz verzichten zu können. Es gibt genügend Situationen im täglichen Leben, wo es hilfreich und weise ist, die beteiligten Gefühle mit Gewalt zu verbergen.

Extrem übergriffige Menschen etwa, die kaum noch spüren, wie sie mit ihrer selbstgenügsamen Entgrenzung andere beschämen und demütigen, lassen sich nur mit deutlich sichtbarer Herablassung und Kälte zurückdrängen und berühren. Der Mann, der sich zwischen meine Freundin und mich an den Tresen drängt, die Bedienung sofort duzt und dann meine Freundin fragt, ob ihre Bluse durchsichtig ist, kann nur mit schweigendem Lächeln und Wegdrehen ein notwendiger Stich verpaßt werden, der in der Wiederholung durch andere ihn vielleicht irgendwann zur Überprüfung der eigenen Zumutbarkeit nötigt. Gleiches gilt für alle, die die Sphären anderer nicht bemerken und akzeptieren, seien es Mütter, die ihre Kinder mit ihren eigenen Sorgen drangsalieren, Kollegen, die in fremden Büros den Eigentumsbegriff vergessen und sich Sachen ausleihen, die sie nie wiederbringen, oder Menschen, die nicht lernen wollen, daß ein höfliches »Mal schaun« ein freundliches »Nein« bedeutet.

Verfestigen sich solche Distanzierungsakte allerdings zu dem, was wir Charakter nennen, dann wandeln sich Zynismus, Kälte und Arroganz von einem Verhaltenstalent zu einem Panzer, der seinen Trägern mit zunehmender Unberührbarkeit etwas Roboterhaftes verleiht. Die Furcht davor, Fehler zu machen und dafür bestraft zu werden, die bei feinfühligen Menschen zu Lähmung und Lebensangst führt, versieht robustere Naturen, die ihren Willen auch gegen Widerstände durchsetzen können, dann mit jener Aura von Hochmut, die man von Wirtschaftsbossen so gut kennt wie von Kunsthallendirektoren, Gymnasiallehrern wie Fußballtrainern, Literaten wie Ministern.

Der kapitalistische Leistungsdruck, der menschliche Schwächen und persönliche Erblasten nicht wirklich verzeiht, formt diese professionelle Werktagsversiegelung, die man instinktiv »unsympathisch« nennt, die aber im Konkurrenzkampf um Geld und Ansehen wohl unverzichtbar ist. Der Physiknobelpreisträger Robert B. Laughlin, der die Ökonomisierung des Wissens untersucht hat, bringt es auf die knappe Formel: »In der Wirtschaft haben nette Leute immer das Nachsehen.« Die Beschaffenheit von Konkurrenzsystemen, aus denen unsere Gesellschaft ihre Energie bezieht, bietet wohl grundsätzlich denen einen Vorteil, die ihre Sensibilität und Freundlichkeit taktisch einsetzen oder verbergen können.

Auch in gewöhnlicheren Lebenskreisen und bei alltäglichen Begegnungen kann man das Auftreten des Angstwunsches, fehlerlos und überlegen zu erscheinen, bemerken. Für das Los großer innerer Einsamkeit spannen diese Menschen ihr Gesicht in die Form substantieller Gewißheit, quälen ihre Umwelt mit Belehrungen und Werturteilen, Spott oder herablassendem Lächeln, verbieten sich jede mitfühlende Reaktion, strafen die Menschen mit Schweigen oder fallen ihnen dauernd ins Wort. Es gibt diese Form der Schamvermeidung in zahlreichen Temperamenten von eisig bis energisch, aber ihr Mechanismus zielt doch letztlich immer auf das gleiche: jede Situation zu verhindern, in der man ohne Antwort dastehen könnte.

Nicht viel anders verhält es sich mit dem scheinbar gegenteiligen Auftreten. Bei Unterwürfigkeit spürt jeder sofort den Schamimpuls, die Ängste sind viel leichter zu orten, als wenn jemand aktiv und scheinbar selbstbewußt auftritt. Aber auch hier handelt es sich offensichtlich um Scham vor dem Mißerfolg als Auslöser einer zwanghaften Selbstinszenierung. Der Zaghafte, Masochistische, Feige, Devote und Infantile verhüllt seine Schamangst nur in Passivität. Er schafft sich eine atmosphärische Eindeutigkeit als Aura, die bereits den Versuch einer Frage abwehren soll.

Da von dem offensichtlich Unsicheren eine Antwort nur fordert, wer ihn strafen möchte, wird man ihm in der Regel instinktiv befehlen, was er zu tun hat. So vermeidet der Ängstliche die Situation der Prüfung seiner Kenntnisse und Gefühle, instrumentalisiert sein Gegenüber aber gleichzeitig im Rahmen eines fest geregelten Spiels (bei dem mit wachsender Neigung zum Masochismus die Provokation der Strafe Teil der Selbstbehauptung durch Unterordnung werden kann). Hier treffen sich Herrscher und Untertan im selben Dilemma, dem sie nur mit unterschiedlichen Stoßrichtungen zu entkommen trachten.

Der namenlose Gast

Natürlich kennt das Theater der Scham noch viel mehr Rollen. Der Nachtragende und die Madonna, der Choleriker und der barocke Genießer, die Schüchternen und Beleidigten, die Achtlosen und Verwahrlosten, der Verbrecher und der Mönch. Sie alle hier zu beschreiben sprengt jeden Rahmen und ist auch nicht wirklich nötig. Denn in Büchern und Filmen, Theaterstücken und Kunstwerken werden immer und immer wieder die Metamorphosen der Scham auf ihre Urenttäuschung zurückgeführt, und es bedarf nur eines zähen Talents, das Motiv in den schönsten Beispielen menschlicher Erzählkunst aufzuspüren.

Von Shakespeares buckligem Richard bis Chaplins »Großem Diktator« werden die Schamwurzeln des Größenwahns bloßgelegt. Nabokovs neugierige Kindfrau Lolita und Pauline Réages »O« stehen in einer langen Genealogie sexuell entrückter Projektionsflächen, die Macht und Ohnmacht weiblicher Nacktheit in den schillernden Farben eines obsessiven Spiels darstellen und dabei die Zerreißkräfte des Schamgefühls bis an die Grenze testen. Werther, Hamlet oder Myschkin sind Verlorene, die in ihren diversen Formen der Seelenblindheit dauernd Schamgrenzen überschreiten und Tragödien provozieren. Cervantes, Beckett, Kaurismäki, Christoph Marthaler oder Leonard Cohen behandeln die Schamangst in absurder Komik. Aber auch im täglichen Fernsehprogramm, in Popsongs und YouTube-Filmen läßt sich die Inflation der Masken, mit denen sich Verunsicherung verrätselt, beobachten.

Entscheidend für die Lesbarkeit der maskierten Schamangst ist die Aufmerksamkeit darauf, wann von Scham gesprochen wird, ohne daß das Wort fällt, wann sie ausagiert wird, ohne benannt zu werden. In Kafkas »Schloß« fehlt die Vokabel fast ganz, und dennoch ist K.s rätselhaft stures Verhalten Quell fortwährender Brüskierung von Sitte, Hilfsbereitschaft und Zuneigung. In Tschechows Landgesellschaften wird immer nur in Situationen der Eskalation von der tiefen Beschämung der Personen gesprochen, aber die psychologischen Ausweichmanöver, die von der Scham gelenkt sind – Verlegenheit, schüchterne Hemmung, schamvolles Verstummen und eitle Maskeraden, um das eigene Scheitern zu verbergen –, bestimmen Ton und Inhalt aller Stücke Tschechows.

Selbst eine brillante populäre Fernsehserie wie »Dr. House« funktioniert jede Woche wieder über die Anamnese von Schamkonflikten. Patienten, denen es die Scham verbietet, die entscheidenden Hinweise für die Ursache ihrer Krankheit zu geben, weil sie dann über ihre Homosexualität, ihre Einsamkeit, ihren Drogenkonsum, ihre Armut oder gravierende Lebenslügen sprechen müßten, werden von dem genialen Diagnostiker House gerettet, indem er ihre Scham ignoriert und sie so lange demütigt, bis sie zur Ehrlichkeit gezwungen sind. Das Wort Scham fällt auch in dieser Serie praktisch nie.

Helden der Scham V
ELFRIEDE JELINEK

Ich kenne keine Autorin, die sich in ihrem Werk so intensiv für das Verhalten ihrer Mitmenschen schämt wie Elfriede Jelinek. Die Figuren, die sie als Stellvertreter bestimmter Verhaltensweisen in ihren Wortschlangen fesselt, sind in der Regel Erscheinungen, die etwas vorstellen, was sie nicht wirklich sein können. Ewig gutgelaunte Sportmoderatoren, die das wohlige Gefühl in die Wohnzimmer schicken, der Sport sei das wahre Leben, oder Zuhälter, die über ihre Prostituierte als Fickfleisch reden, dümmliche amerikanische Präsidenten und ihre kaum weniger einfältigen Aggressionsmultiplikatoren in den privaten Medien oder geifernde österreichische Politiker, die Rassenhaß herbeireden, Darsteller in Werbeclips und Fernsehserien oder eitle Kulturgockel – deren Behauptungen von Gewißheit und Furchtlosigkeit lösen in Elfriede Jelinek den Schreibimpuls durch Beschämung aus. Die öffentlichkeitsscheue Autorin, die selbst an ihrer Nobelpreisverleihung nicht teilnahm, hat gerade zu dieser Öffentlichkeit ein besonders inniges wie gespanntes Verhältnis. Phänomene der medialen Repräsentation betrachtet sie mit einer Manie und Scharfsinnigkeit, die immer den emotionalen Krampf unter der glatten Oberfläche aufspürt. Vor allem in den großen Inszenierungen von Souveränität sieht Elfriede Jelinek die Dissonanzen, die Heuchelei, das Verrutschen und Vertuschen. Und diese konstruierte Souveränität kann die von RAF-Terroristen wie von Skifahrern, Neonazis wie Nachrichtensprechern sein.

Scham spielt in Elfriede Jelineks Literatur dabei offensichtlich eine Doppelrolle. Einerseits befähigt sie ihr feines Empfinden für Verletzungen, Verlegenheiten und Maskeraden, in den Falten des medialen Antlitzes all das Unangenehme zu sehen, das die Öffentlichkeit nicht ausreichend wahrnehmen möchte, weil es den beinahe religiösen Glauben an die Funktionskraft des demokratischen Kapitalismus schwächt. Der gewaltige Zorn und die rastlose Energie, mit denen Elfriede Jelinek über die verborgenen Motive des öffentlichen Menschen spekuliert, werden dadurch so unmittelbar, weil Jelinek sich mitschämt, sich ekelt, sich windet und sprachlich erbricht. Zum anderen schützt sie ihr Schamgefühl davor, die vermeintliche Souveränität in ihrer Kritik nachzuahmen. Nie verwendet sie ihre analytischen Fähigkeiten allein zur rationalen Widerrede. Denn dem Gewinn durch eine Aufklärung, die meint, die Welt restlos deuten zu können, mißtraut sie ja gerade als eitel, selbstüberschätzend und andere Absichten überdeckend. Statt dessen kontert sie das Gebaren überlegener Rationalität, indem sie sich als Sprachmedium für Widersprüche, Abschweifungen, Verzerrungen und Spott trainiert und immer wieder mit Ungereimtheiten zwischen Erklärungen und Empfindungen hantiert. Die umherschweifende Perspektive ihres Schamradars, mit dem sie ihre Themen und ihr Sprachmaterial aufstöbert, bildet sich in einer ebenso kreisenden Schreibperspektive ab, die alles vermeidet, was zu eindeutig, großkotzig und selbstsicher klingt. Diese verlegene Schönheit des Uneindeutigen, diese bei allem Zorn bescheidene und humorvolle Art zu formulieren führt dann zu einem sehr tröstlichen Paradox: daß eine Sprache ohne starre Festlegungen sich trotzdem zu einer verständlichen moralischen Summe verdichtet, die auf die Würde des Individuums pocht.

Die Mär von der Schamlosigkeit

Daß gerade in bezug auf das Medium Fernsehen von einer zunehmenden Schamlosigkeit unserer Gesellschaft gesprochen wird, ist vor dem Wissen, daß Scham sich immer verschlüsselt und tarnt, eventuell nur ein Mißverständnis. Denn nirgends werden Schamängste so exzessiv anschaulich wie in den zahllosen Formaten, die für den Vorwurf einer würdelosen Zeitgeistkultur herhalten müssen. Eben die vermeintliche Schamlosigkeit, mit der Menschen sich in Dschungelcamps und Anbrüll-Talkshows, Big-Brother-Containern und Castingshows produzieren, läßt doch weite Rückschlüsse über ihre Schamängste zu. Das System dieser Shows ist ja gerade darauf aufgebaut, daß Menschen unfreiwillig etwas Peinliches von ihrem Inneren zeigen, das den Zuschauern zur Schadenfreude dient. Fremdschämen ist das treffliche Modewort für diesen kommerziell nutzbaren Beobachterschmerz.

Dieser Mechanismus würde aber überhaupt nicht funktionieren, wenn unsere Gesellschaft nicht nach wie vor ein ausgeprägtes Schamempfinden besäße. Die Kritiker ebenso wie diejenigen, die sich daran ergötzen, registrieren das große Schamspektakel als solches, bewerten es nur unterschiedlich. Und die veritable Stumpfheit oder naive Unerfahrenheit der Personen, die sich in diesen Formaten vorführen lassen, qualifiziert sie auch nicht automatisch als schamlose Menschen. Vielmehr wirken gerade die Castingshows eher wie moderne Prostitution. Für den Lohn von Applaus und Kurzzeitruhm zahlen die meisten dieser Teilnehmer doch relativ kühl und ausgebufft den Preis ihrer öffentlichen Entblödung. Aber auch eine Hure kann über das Lob ihrer Arbeit erröten.

Viel problematischer als das moderne Prangerentertainment erscheint mir die Schamlosigkeit, mit der in den Massenmedien Demagogie als Politik betrieben wird und sogenannte Experten als wandelnde Beweiskraft auftreten. Frei von sichtbaren Zweifeln formulieren in Politsendungen und Streitrunden überwiegend Männer ihre Weltsicht mit einer Sicherheit, die in keinem Verhältnis zu der Komplexität heutiger Probleme steht. Was die Nachmittagssendungen des Privatfernsehens an rohen Sitten und schlechtem Deutsch zeigen, das bringen die Polittalks im öffentlich-rechtlichen Fernsehen an Eitelkeit und leeren Phrasen auf, um ihre psychologischen Abgründe zu überspielen.

Es ist eine durchgängige Manier dieser Statementkultur, daß sie extrem verknappte Behauptungen als Wahrheiten präsentiert, vorformulierte Meinungen als Wissen verbreitet und dabei eine Sachlichkeit inszeniert, die mit dem vernünftigen, offenen und zuhörenden Vergleich von Argumenten zur besseren Erfassung schwieriger Probleme nichts zu tun hat. Nur wenigen Menschen gelingt es in diesen Redeschlachten, jenen leisen und selbstkritischen Ton zu treffen, der auf eine tatsächlich abwägende, respektvolle und aufmerksame Weltwahrnehmung schließen läßt. Die Angst vor der Blamage im öffentlichen Forum verhindert vielmehr gerade bei ihren prominentesten Teilnehmern das vorsichtige und uneindeutige Denken, das der Vielschichtigkeit der Probleme in der global vernetzten Welt angemessen wäre. Wahrscheinlich fürchtet der Experte, daß vorsichtiges Abwägen ihm als persönliche Schwäche und Standpunktlosigkeit vorgeworfen werden könnte.

Erschwerend kommt hinzu, daß die Umstände dieses Formates fast grundsätzlich unausgesprochen bleiben. Daß ein Teilnehmer seine eigene natürliche Unsicherheit erwähnt, kommt nur in Fernsehpannen vor. Und daß die prinzipielle Zweifelhaftigkeit von Kurzstatements sowie die Fragwürdigkeit der Autorität von Personen problematisiert werden würde, deren Kompetenz den meisten Zuschauern nur durch die Anmoderation bewiesen ist, müßte das ganze Talksystem in Frage stellen und ist deswegen undenkbar.

Das stillschweigende Gesetz des Fernsehbenehmens, nach dem die Mitspieler Souveränität um jeden Preis suggerieren müssen, führt zu jener grotesken Verstellung, als kompetente Medienpersönlichkeit alle inneren Widersprüche wegzulügen und so zu tun, als gäbe es Klarheit in der Welt. Die große Lücke zwischen Selbstdarstellung und Wirklichkeit ist allerdings hier genauso spürbar wie im Dschungelcamp. Was dort zum Mitleiden führt, zerfrißt hier die Glaubwürdigkeit des politischen Systems. Dieses energische So-tun-als-Ob in der Öffentlichkeit vermittelt eben doch nur das peinliche Gefühl, zu offensichtlich getäuscht zu werden. Und wenig ist nachhaltiger peinlich als die durchsichtige Demonstration von Stärke, hinter der die schwächliche Natur des fehlerhaften Menschen zu deutlich hervortritt.

Was lernen wir aber nun, indem wir die Äußerungen unserer Kultur in einer Art Negativbelichtung auf ihre Schamflecken absuchen?

Zunächst dient das Entziffern von Schamsprachen, die Fähigkeit, hinter den Masken verborgene Konflikte zu erspüren, der Verfeinerung der eigenen Aufmerksamkeit und Menschenkenntnis. Aber vor allem stärkt dieser Sinn unsere Empathie. Im Erkennen der auslösenden Ängste läßt es sich gütiger, freundlicher und damit maßvoller werden – den anderen und uns selbst gegenüber.

Mit diesem Verständnis können wir die Fähigkeit entwickeln, andere so zu berühren, daß sie ohne Gesichtsverlust ihre Maske absetzen können. So gewinnt man die

Schönheit des konfliktfähigen Menschen, die wir gemeinhin Souveränität nennen.

Die ganze Genese des zivilisierten Verhaltens hat sich aus diesem bewußten Einsatz von Menschenkenntnis entwickelt.

Knigges überlegene Diskretion

Scharfsinnige Anatomie bestehe darin, die Dinge von innen zu betrachten, stellte Baltasar Gracián 1646 zu Beginn seines Buches »El Discreto« fest und führte ein Jahr später in seinem nächsten Werk über die »Kunst der Weltklugheit«, dem berühmten »Handorakel«, aus: »Die Schlauheit gehe spürend voran, bis die Vorsicht allmählich Grund und Boden gewinnt. Heutzutage sind im menschlichen Umgang große Untiefen. Man muß bei jedem Schritt das Senkblei gebrauchen.«

Was Gracián hier mit seinen mentalen Operations- und Schiffswerkzeugen ergründen möchte, sind die schamhaft verborgenen Empfindlichkeiten und Verletzungen, deren Kenntnis für einen gefahrlosen Umgang am spanischen Hof überlebenswichtig war. Sein Versuch, der im deutschen Sprachraum 1790 von Adolph Freiherr von Knigge in seinem bis heute vielzitierten und wenig gelesenen Kodex »Über den Umgang mit Menschen« erneuert und zu einem bis heute gültigen und lesenswerten Dokument wurde, zielt auf eine neuartige Praxis. Waren Benimmbücher bis dahin in der Regel moralische Disziplinierungstraktate mit unflexiblen Vorschriften, so formuliert Gracián eine extrem differenzierte Lehre gesellschaftlicher Cleverneß, deren Baukastenprinzip besagt: Zivilisierte Umgangsformen entwickeln sich aus der klugen Vermeidung von Schamkonflikten, und der Erfolg sozialen Verhaltens ist direkt abhängig davon, wie intelligent der Akteur mit den verborgenen Empfindlichkeiten umzugehen weiß.

Auch wenn bei Gracián im großen Gegensatz zu Knigge das Wort Scham und seine Synonyme eher verhalten verwendet werden, handeln seine Verhaltensregeln doch stets von bewußten Handlungen, mit denen man das komplizierte Spiel der gesellschaftlichen Aktion ohne Beschämung meistern kann. Und zwar gilt es, weder beschämt zu werden, noch jemand anderen zu beschämen, denn Gracián wie Knigge waren sich absolut im klaren darüber, daß es reicht, jemanden unabsichtlich zu kränken, damit »er es dir auf eine Rechnung setzt, die du früher oder später bezahlen mußt«.

Liegt bei Gracián, der als Jesuit am spanischen Hof seine Erfahrungen sammelte, bei aller lebenspraktischen Ratschlagsweisheit der Akzent eindeutig auf persönlichem Machterhalt, den er mit kontrollierter Bescheidenheit effektiver durchzusetzen meint als mit dem damals so weit verbreiteten Schmeichler- und Intrigantentum, so versteht sich Knigge eher als Sozialreformer. Seine Idee ist es, durch das Erzeugen von Transparenz die Gesellschaft durchlässiger zu machen.

Während Gracián als Machtmechaniker mit Seelenkenntnis der Meinung ist, daß es im Leben um die Kunst geht, den Willen anderer in Bewegung zu setzen, indem man »die richtigen Daumenschrauben« für jeden findet, und Affekte für »krankhafte Säfte der Seele« hielt, an deren Übermaß die Klugheit erkrankt und die Ehre bricht, sucht Knigge eher nach einem demokratischen Erziehungsideal, das an Gerechtigkeit, Wahrheitsliebe und aufrechten Gefühlen orientiert ist. Er beschreibt die Schambarrieren, die eine Standesgesellschaft aufbaut, um Emporkömmlinge auszugrenzen, und macht deutlich, wie die herrschende Elite sich von großartigen Talenten abschneidet, weil diese an Umgangsformen scheitern.

Die »symbolische Gewalt stigmatisierender Bewertungen«, wie Sighard Neckel die Beschämung als Machtmittel sozialer Unterdrückung in seiner Untersuchung über »Status und Scham« genannt hat, war im Feudalismus ein so feingliedriges und mächtiges Mittel des Machterhalts, daß es die natürliche Erneuerung durch die bürgerlichen Interessen verhinderte. Allerdings nicht auf Dauer, wie wir wissen, denn mit der stilvollen Demütigung eines selbstbewußter werdenden Bürgertums leitete die Adelsgesellschaft noch zu Lebzeiten Knigges auch ihren Untergang ein.

Dennoch gibt sich Knigge in seinen Ausführungen 1790 als Patriot, der das System verbessern und nicht vernichten wollte. So stellt er fest, daß es gerade in Deutschland einen »sehr merklichen Abstand der Klassen voneinander« gibt, »zwischen denen verjährtes Vorurteil, Erziehung und zum Teil auch Staatsverfassung« eine massive Grenzlinie zögen, die dem »Glück der Nation« hinderlich sei, ja daß verständige, erfahrene und geschickte Männer »von schiefen Köpfen, die nicht wert sind, ihre Schuhriemen aufzulösen, sich müssen regieren und mißhandeln lassen«.

Als Moralist sucht er Wege, das »Verlangen, tätig zu sein, zum Guten zu wirken«, für alle Menschen in die Praxis zu setzen, und Personen, »die wahrlich allen guten Willen und treue Rechtschaffenheit mit mannigfaltigen, recht vorzüglichen Eigenschaften und dem eifrigen Bestreben, in der Welt fortzukommen, eigenes und fremdes Glück zu bauen, verbinden«, das Entscheidende zu lehren, das ihnen zu ihrem verdienten persönlichen Glück fehlt: »die Kunst, sich bemerkbar, geltend, geachtet zu machen, ohne beneidet zu werden; sich nach den Temperamenten, Einsichten und Neigungen der Menschen zu richten, ohne falsch zu sein; sich ungezwungen in den Ton jeder Gesellschaft stimmen zu können, ohne weder Eigentümlichkeit des Charakters zu verlieren, noch sich zu niedriger Schmeichelei herabzulassen«.

Ganz entgegen der heute boulevardesk verbreiteten Vorstellung eines »Knigge« für lächerliche Tischsitten und Salonmanieren hat der Freiherr aus Bredenbeck bei Hannover also vielmehr eine Konfliktsystematik entwickelt, die es Menschen mit unterschiedlichen Interessen und Voraussetzungen erlaubt, im produktiven Ausgleich miteinander ein friedvolles Gesellschafts- und Geschäftsleben zu gestalten, bei dem jeder seine Fähigkeiten optimal einbringt. Sich weder des Opportunismus noch der eigenen Meinung zu schämen ist Knigges Voraussetzung für eine persönliche Integrität, die permanent austariert, wie weit sich der eigene Auftritt an die Umstände anpassen muß, damit weder eine andere Person noch das eigene Selbstwertgefühl beleidigt wird. Und dabei zeigt Knigge eine hohe Sensibilität für die Wunden, die zu berühren es unbedingt zu vermeiden gilt.

Dazu beschäftigt Knigge sich sehr ausführlich mit den unterschiedlichen Schamsprachen und schlägt für jede zwischenmenschliche Kommunikation und Konfliktsituation Verhaltensregeln vor, die es dem Individuum ermöglichen, in Ehren zum Erfolg zu kommen oder wenigstens würdig zu handeln (was Knigge als nachhaltigste Form von erfolgreichem Auftreten erkennt). Obwohl er als Freimaurer, Männerbündler und Idealist ein gelegentlich pathetisches Verhältnis zur Wahrhaftigkeit pflegt, das seiner pragmatischen Intelligenz widerspricht, und Frauen als Wesen zweiter Ordnung behandelt, sind die meisten seiner Vorschläge von einer erstaunlich patinafreien Modernität und einem zeitlos schönen Sinn für Rücksicht. Ein paar Beispiele mögen illustrieren, wie Knigge die vergiftende Unruhe der Schamängste in einer flexiblen Struktur überlegener Höflichkeit zu bannen vorschlägt.

Das Prinzip ziviler Unauffälligkeit

»Suche keinen Menschen, auch den Schwächsten nicht, in Gesellschaft lächerlich zu machen«, empfiehlt er und fügt in großer Grundsätzlichkeit an: »Überhaupt muß man so wenig als möglich die Leute in Verlegenheit setzen, vielmehr sich bemühen, wenn jemand im Begriff ist, eine Unvorsichtigkeit zu begehen oder sonst beschämt zu werden, ihm diese Verlegenheit zu ersparen oder die Sache auf irgendeine Weise wieder ins Feine zu bringen.«

Bei Prahlern, Aufschneidern, Heuchlern, Bigotten, Pedanten, Windbeuteln und anderen taktlosen Selbstdarstellern dagegen rät Knigge zur geschickten Beschämung durch freundliche Nachfragen, die den Angeber so in seine Widersprüche verstricken, daß er, »wenn dies öfter und von mehreren verständigen Männern geschieht, behutsamer zu werden pflegt«. Nahezu alle Vorschläge Knigges sind gezeichnet von dieser Ambivalenz. Einerseits rät er zu Vorsicht im Umgang mit dem empfindsamen Menschen, aus pädagogischen Absichten aber hält er die gezielte Erregung des Schamgefühls für die beste Methode zur Verhaltenskorrektur.

Der Grundratschlag aber ist immer: Kompromittiere niemanden, weil du selbst nicht kompromittiert werden möchtest. Einige zentrale Mahnungen aus Knigges Hauptwerk mögen diese Verhaltensschule deutlich machen:
– »Klage dein Leid niemand als dem, der helfen kann.«
– »Rühme nicht zu laut deine glückliche Lage.«
– »Brüste dich nicht.«
– Trete nicht als »überschwenglicher Wohltäter« auf, denn das legt den Menschen »große Verbindlichkeit auf«.
– Setze nie »durch Übereilung andere in Verlegenheit«.
– »Entbehre fremden Beistand«, indem du lernst, »weni-

ge Bedürfnisse zu haben, mäßig zu sein und bescheidene Wünsche zu nähren«.
– Falle niemand mit »anstößiger Unterhaltung« zur Last.
– »Sei vorsichtig mit Tadel und Widerspruch! Es gibt wenige Dinge in der Welt, die nicht zwei Seiten haben.«
– »Ermüde niemand mit weitschweifigen Vorträgen.«
– »Spiele nicht auf Bücher an, die dein Nachbar wahrscheinlich nicht gelesen hat!«
– »Rede nicht in einer fremden Sprache!«
– »Respektiere, was anderen ehrwürdig ist!«
– »Rufe keine unangenehmen Dinge in Erinnerung!«
– »Singe beim Tanze nicht zugleich die Melodie mit.«
– »Blicke nicht in fremde Papiere!«
– »Drücke nicht jeden an dein Herz«, überhaupt, werde »mit so wenigen Leuten als möglich vertraulich«.

Doch Knigges Ratschläge zielen nie nur darauf ab, peinliche Situationen zu vermeiden. Vielmehr ist er stets darum bemüht, daß der Mensch sich selbst in ein vorteilhaftes Licht rückt, indem er frei von Falsch ein Vorbild an Redlichkeit, Zuvorkommenheit und freundlicher Gelassenheit abgibt. Dazu empfiehlt er scheinbar paradoxerweise: »Suche weniger selbst zu glänzen, als anderen Gelegenheit zu geben, sich von vorteilhaften Seiten zu zeigen.« Denn Knigge entwickelt in seinen Umgangsformen eine vollkommene Strategie, die auf sehr subtile Weise Dankbarkeit organisiert, indem sie die anderen Menschen gut und schamfrei aussehen läßt. Der persönliche Gewinn ist das daraufhin entgegengebrachte Vertrauen, das dem eigenen Fortkommen am hilfreichsten ist – vorausgesetzt, man verschleudert es nicht wieder durch eitle Unachtsamkeit und fehlende Diskretion.

Knigges ganzes Verhaltenssystem besitzt gelegentlich die Anmutung eines extrem kalkulierenden Wissens, was man gemeinhin nicht für einen sympathischen Charakterzug hält. Aber immer wieder betont er Wärme, Mitgefühl, Großmut und Herzlichkeit als die eigentlich zu schützenden Wesensmerkmale des vollkommenen Menschen. »Keine Lage ist demütigender und beunruhigender«, sagt er etwa, »als wenn man die Person, an welcher unser Herz hängt, von anderen verachtet sieht, wenn man sich vor der Welt der Bande schämen muß, die uns so teuer sind.«

Um solche Formen der Pein nicht erleben zu müssen, fordert Knigge einerseits rigorose Selbstbeherrschung (»Tue nichts im Verborgenen, dessen du dich schämen müßtest, wenn es ein Fremder sähe«), andererseits verpflichtet er die Gesellschaft zu Toleranz: »Da jedes Menschen Glückseligkeit in seinen eigenen Begriffen von Glückseligkeit beruht, so ist es grausam, irgendeinen zwingen zu wollen, wider seinen Willen glücklich zu sein.« Die erklärte Hoffnung für alle Unglücklichen, die aus dieser Erkenntnis folgt, hat wiederum Gracián in dem Satz zusammengefaßt: »Es gibt Regeln für das Glück, denn für den Klugen ist nicht alles Zufall.«

Helden der Scham VI
BEAU BRUMMELL

Verfolgt man die Spuren männlicher Coolneß durch das Labyrinth der Moden zurück, so stößt man irgendwann unweigerlich auf Beau Brummell. Der Mann, mit dem der Begriff Dandy das erste Mal verbunden wurde, ist nicht nur der Erfinder des männlichen Dress-Code, auf den die moderne Anzugmode zurückgeht. Der englische Lebemann hat im beginnenden 19. Jahrhundert einen Lebensstil definiert und zum Etikett seiner Epoche gemacht, der noch heute im Bild des Weltmanns seine positiven Eigenschaften bewahrt hat. Der perfekte Gentleman, wie Brummell ihn für die Londoner Gesellschaft aus Aristokraten und reichen Bürgern seiner Zeit vorbildhaft verkörperte, definierte sich über einen verschwenderischen Geschmack, dem man den Aufwand nicht ansah, über eine ironische Distanziertheit gegenüber jeder Form der Aufregung sowie durch Witz und Schlagfertigkeit. Brummells entscheidender Charakterzug aber, der ihn zu der Stilikone des Regency und zum Vorbild aller Dandys von Baudelaire und Oscar Wilde über Gabriele d'Annunzio und William Burroughs zu modernen Ausgaben wie George Clooney oder Tyler Brûlé machte, war sein Distinktionsinstinkt. Die Fähigkeit, blitzschnell und scharf unterscheiden zu können, was Geschmack hat und was nicht, erlaubte es Brummell, zahlreiche modische Trends und generelle Verhaltensweisen zu etablieren (darunter das tägliche Baden).

Ihre volle Anziehungskraft gewannen diese stilprägenden Geschmacksurteile aber erst durch den Dunstkreis des Verruchten. Brummell, wie alle echten Dandys nach ihm, war eine sexuell zwielichtige Gestalt mit starkem Hang zu Halbweltvergnügungen. Erst Drogen, Glücksspiel und Orgien vervollständigten das Bild des neuen Bohemien und erklären den besonderen Kitzel, der so viele Männer der Nachahmung seines Stils folgen ließ, daß London zu der europäischen Zentrale für Männermode wurde.

Die Philosophie des Geschmacks, die Brummell zwei Jahrzehnte souverän, wenn auch nicht ohne selbstironische Betrachtungen betrieb, teilt die Welt mit dem Barometer der Peinlichkeit. Das Diktat, was elegant und zeitgemäß, was schick, cool und einem Dandy würdig ist, artikuliert sich ständig in der Abgrenzung und Negation konventioneller und überkommener Stile – und das betrifft nicht nur Kleidungsvorschriften, sondern auch Urteile über Kultur, Politik, Sprache,

Charakter und Umgang. Der Dandyismus, wie Beau Brummell ihn für bisher zwei Jahrhunderte in seinen Grundzügen prägte, wurde von einem seiner Zeitgenossen deswegen als »the perfect insider's revolt« beschrieben. Der Dandy ist immer Teil der Elite, die er mit seinen Veränderungen kritisiert. Mit Hohn und Spott sortiert er Insider und Outsider, definiert eine neue Moral, die freier, kultivierter und moderner zu sein vorgibt, und verprellt dabei jene Menschen, die diesen Ansprüchen nicht folgen können oder wollen (in Brummells Fall schließlich auch seinen wichtigsten Protegé, den Prince of Wales).

So verbinden sich Geschmacksautorität und Snobismus in dem Bestreben, niemals peinlich zu sein. Die überlegene Haltung der Stilikone gibt im besten Fall – also Brummells Fall – einer ganzen Generation junger Männer das Gefühl von neuer Freiheit und selbstbewußter Eleganz. Allerdings gelingt das nur auf Kosten der Demütigung all jener, die dazu geschmacklich abklassifiziert werden müssen. Und in diesem Krieg um den perfekten Stil steht der erste unter den Insidern am Ende häufig ganz allein da. Als Beau Brummell seinen Adoniskörper mit gutem Essen und Syphilis ruiniert, sein Vermögen mit Glücksspiel verpraßt und seine alten Kameraden und Bewunderinnen mit ätzenden Scherzen und anderen Verletzungen verloren hatte, mußte er nach Frankreich fliehen, wo er einsam, krank, verwirrt und verarmt starb. Seine Vorstellung von kultivierter Männlichkeit hat sich dennoch um die ganze Welt verbreitet und bis heute nichts von ihrer Anziehungskraft verloren.

Der feine Mensch als Rebell

Daß man Glück lernen kann, indem man seine Sensibilität an der Scham schult und mit Selbstbeherrschung ein verantwortungsvolles und geschmeidiges Wesen erwirbt, eine würdige Zurückhaltung ausgleichender Gelassenheit, die Konflikte maßvoll regulieren hilft und Genüsse in aller Bescheidenheit zu empfinden lernt, das haben auch spätere Autoren immer wieder zu einer theoretischen Idee von Gesellschaft ausformuliert.

Helmuth Plessner entwirft in seinem Werk »Grenzen der Gesellschaft« eine Idee von »heilsamer zwischenmenschlicher Distanz, die bei einem Maximum an Ehrlichkeit und Aufrichtigkeit ein Maximum an Sicherheit vor dem ironischen Zerstörerblick, bei einem Maximum an seelischem Beziehungsreichtum zwischen den Menschen ein Maximum an gegenseitigem Schutz voreinander verbürgt«. Es ist eine Art handwarmer Aggregatzustand, den Plessner für das Glück seelischen Gleichgewichtes empfiehlt, wenn er die erhabene Größe respektvollen Umgangs in einem Schwebezustand beschreibt: »Die erzwungene Ferne von Mensch zu Mensch wird zur Distanz geadelt, die beleidigende Indifferenz, Kälte und Roheit des Aneinandervorbeilebens durch die Formen der Höflichkeit, Ehrerbietung und Aufmerksamkeit unwirksam gemacht und einer zu großen Nähe durch Reserviertheit entgegengewirkt.«

Plessner kritisiert vor dem Hintergrund sich aufheizender politischer und kultureller Konflikte in der Weimarer Republik jede Form von Extremhaltungen und blinder Leidenschaft und verspottet die »Gründlichkeit« als Hauptwesenszug des Radikalen, die nichts anderes sei als ein »Ausdruck seiner Vorurteile gegen das Leben«. Das »Wirkliche«, also das Komplexe, Widersprüchliche, Stochernde und

Zweifelnde der alltäglichen Sehnsüchte, Handlungen und Irrtümer, wird dem Eiferer »das Minderwertige schlechthin«. Damit fängt er an, »die Probleme höher zu schätzen als die Lösungen, den Drill zum Selbstzweck zu erheben und zum Knecht von Mechanismen zu werden«.

Lesen sich diese 1924 veröffentlichten Einschätzungen wie eine Prognose der Strukturen des Dritten Reichs und der stalinistischen Diktatur, so weisen Plessners Beschreibungen doch weit über den konkreten politischen Zusammenhang hinaus und suchen nach Alternativen für den gesellschaftlichen Umgang, die es den Menschen ermöglichen, gelassen und glücklich zu sein, sich gemäßigt und froh zu begegnen. Er entwirft dazu eine Dreieinigkeit aus Würde, Diplomatie und Takt, die im gesellschaftlichen, politischen und persönlichen Lebensfeld mit all ihren Widersprüchlichkeiten soziales Vermögen und Zufriedenheit ermöglichen – und die verbunden sind durch die hohe Schamsensibilität, die sie zu ihrer Verwirklichung brauchen.

Plessner schreibt über die Vorbedingungen gelebten Taktgefühls: Der Mensch befleißige sich der »Erkundung sorgfältig dem Blick der Welt verborgener Eigenschaften, die Fernfühlung, Ferntastung unmerklicher, aber aufschlußreicher Dinge, die Witterung für den anderen Menschen und zugleich die Fähigkeit, es ihn nicht merken zu lassen«. Takt sei also »die Bereitschaft, die feinsten Vibrationen der Umwelt anzusprechen, die willige Geöffnetheit, andere zu sehen und sich selber dabei aus dem Blickfeld auszuschalten, andere nach ihrem Maßstab und nicht dem eigenen zu messen. Takt ist der ewig wache Respekt vor der anderen Seele und damit die erste und die letzte Tugend des menschlichen Herzens.« Als »Kunst der inneren sozialen Differenzierung« gehe der Takt »tastend, sichernd, das Gesicht wahrend« vor, suche »Schonung des anderen um meiner selbst willen«. Seine »Hygienewerte« begründen sich »in der Verletzlichkeit der Seele« und seine »Heilwirkung« basiere auf »echter Grazie, eine aus dem Herzen kommende Ursprünglichkeit und Wärme«.

Erscheint dieses Ideal eines Menschen, der die Schwächen der anderen sieht, ohne sie auszunutzen, der seine Zuneigung nicht in kurzfristiger Obsession verbrennt und grundsätzlich um Fairneß und respektvollen Abstand bemüht ist, manchmal ein wenig blutarm und steif, so läßt Plessner wie Knigge doch durchblicken, daß nur eine große Fehlergefräßigkeit zu diesem schönen Zustand der emotionalen Sättigung führt. Schreibt Knigge: »Habe ich widrige Erfahrungen gemacht, die mich von meiner eigenen Ungeschicklichkeit überzeugt haben – um so besser! Wer kann so gut vor der Gefahr warnen, als der, welcher darin gesteckt hat?«, so formuliert Plessner aus diesem Lob der Selbstkritik eine aktive Regel: »Man kann das Leben nicht dauernd gewissenhaft, gesinnungshaft leben, man soll es auch nicht. Der Mensch hat ein Recht dazu, den Instinkt, die irrationalen Erkenntnisquellen und alle Imponderabilien in seinem Verhalten eine Rolle spielen zu lassen, er hat geradezu die Pflicht, dem Reichtum auch der Kräfte seiner Natur Raum zu geben, die nicht von der Vernunft, vom Geist und Werten und Sittengesetzen und Prinzipien gezügelt werden können.«

Erst das Vorhaben, auch das Verrückte, Rauschhafte und Irrationale ins Leben zu integrieren, öffnet der vornehmen Gestalt das Tor ins Glück. Denn intensive Lebensführung braucht eine Balance aus Intelligenz und Intention, Regel und Regelbruch, Ruhe und Sehnsucht. Takt als Lebensform ohne Widerpart aber äußert sich in anerzogenem Benehmen, das schrecklich disziplinierende Ausmaße annehmen kann.

Gerade die deutsche Nachkriegszeit hat gezeigt, wie

eine enorme Beschämung hinter einer Oberflächenanständigkeit vertuscht werden kann, begleitet von neuen starren Verhaltenszwängen, die um so herrischer wurden, je weniger sie sich dem eigenen Schamempfinden stellen. Aber auch zahlreiche Spielarten der Coolneß sind nichts anderes als eine Respektbehauptung aus Angst vor echter Berührung. Um die eigene Vollständigkeit zurückzugewinnen, braucht es deswegen häufig eine Rebellion im Namen der Schamfähigkeit.

Helden der Scham VII
FRANCIS BACON

Eine Kunst, die mehr Schmerz ausdrückt als die von Francis Bacon, ist schwer vorstellbar. Seine Bilder sind so durchdrungen von Leid, so körperlich fühlbar Resultate von tiefer Angst, daß Betrachter immer wieder zu dem gleichen Sammelsurium an Vokabeln greifen müssen, wenn sie seine Arbeit beschreiben – denn bei den Superlativen der Qual wird der Wortschatz irgendwann schmal. Bacons Lebensgeschichte gibt zunächst auch nicht viel Anlaß, Optimismus darin zu verwurzeln. Ein gewalttätiger und gefühlsroher Vater, der Bacon früh einimpft, wie häßlich er sei, sexueller Mißbrauch durch einen Stallburschen, schweres Asthma, häufige Wohnungswechsel und damit verbunden fehlende soziale Bindungen prägen Bacons erste Lebensjahre und gemäß seiner eigenen Einschätzung, daß Künstler mehr als andere Menschen ihrer Kindheit verhaftet bleiben, sein ganzes Leben. Sexuell gewalttätige Beziehungen zu Männern, denen er sich sklavisch unterwarf, verlängerten die ersten Erfahrungen in eine lustvolle Anziehungskraft. Echte Freundschaft, so übermittelt es sein Biograph Michael Peppiatt, nannte Bacon den Zustand, wenn sich zwei Menschen in Stücke schlagen. Diesen Hang zu Grausamkeit und Selbstzerstörung hüllte exzessiver Drogen- und Alkoholkonsum in den mildernden Tüll chemisch verfremdeter Empfindungen.

Aber die verlängerte Knechtschaft unter sadistische Autoritäten war keine eindimensionale Reise in den Verfall. Bacons sagenhafte Lebenswut, sein Appetit auf Geselligkeit, Genüsse und große Gesten, seine Neugier, mit der er sich autodidaktisch den Kosmos der Kultur und des Schönen erschloß, gaben seinem Leben kreiselnde Bewegung und verdichteten sich in seiner Kunst zu einer Ausdruckskraft, die in ihren kontinuierlichen Metamorphosen viel mehr zeigte als nur eine geschundene Seele.

Bacons Bilder singen: von Ansichten und Heimlichkeit, von Begehren und Tod, von Gewissen und Schamgefühlen, von Hoffnung im Wandel, von Leidenschaft, Menschenliebe und Humor. Die leuchtende Farbigkeit vieler seiner großformatigen Gemälde, die musikalische und erotische Dynamik seiner Pinselschwünge, mit denen er den symmetrischen menschlichen Körper in ekstatische Bewegungen zerfleischte, und die karnevaleske Maskierung durch Auflösung, mit der er die Porträts seiner Kneipenfreundschaften zermaß, erzählen keineswegs nur von Schwermut, Verzweiflung und Lust auf die Peitsche. Melancholische Selbstzermürbung und brennender Gestaltungsdrang waren bei Bacon zwei Enden einer Batterie, zwischen denen viel mehr lustige und wärmende Funken flogen, als es die Zuschreibung als Pygmalion des Desasters erwarten läßt. Bacon war nie nur der Maler des Schmerzes, vielmehr bezog er die Welt auf diese Empfindung, stellte dann aber deren ganze Widersprüchlichkeit und ihren Reichtum im Verhältnis zu seinem Leiden komplett dar. Seiner eigenen Perspektive sicher, erweiterte er sie ins Universelle. Und weil er den Mut besaß, seine innersten Konflikte auf der Leinwand auszutragen, und sich nicht schämte, seine Schwäche mit aller Rücksichtslosigkeit zu benennen, konnte er ungezwungen im Zugriff auf das weniger Tragische werden. Sein Schmerz war nur der Kampfanzug, mit dem er sich verkleidete, um die Welt auszuhalten, verstehen und malen zu können. Die Schönheit im Häßlichen, die er so gewann, erzeugt das Staunen, mit dem man seine Bilder als unbegreiflich verehrt.

Lorbeer des Unverschämten

Der Musiker und Theaterregisseur Schorsch Kamerun sagte mir in einem Interview auf die Frage, was seine Arbeit mit Scham zu tun hätte, er würde sich den ganzen Tag schämen. Aber dieser dauernde Schmerz sei auch für die besondere Sensibilität verantwortlich, aus der seine Arbeit schöpft.

Kamerun ist aufgewachsen in der Bootswimpelenge von Timmendorfer Strand, litt in seiner Jugend unter einem strengen und unsensiblen Vater, der ihm nichts zutraute, und der spießigen, ereignislosen Touristikidylle am Ostseestrand, wurde früh Punk, floh nach Hamburg, gründete mit Freunden die Band »Die Goldenen Zitronen«, mit der er absurde bis politische Texte zu echter Hurramusik sang, begann am Hamburger Schauspielhaus als musikalischer Berater, um dann selbst erste Abende zu inszenieren und schließlich zum gefragten Regisseur für eine besondere Art des Theaters zu werden, das stark mit schamauslösenden Momenten arbeitet.

Dilettantismus, Travestie, Übertreibung, Laienschauspiel, Publikumsnötigung, inszenierte Peinlichkeiten und schmerzliche Pausen, laute Klischees, mißlungene Scherze und orientierungslose Improvisation sind die Zutaten von Abenden wie »Spezial-Mensch – eine Psycho-Opernschlacht«, »Der digitale Wikinger« oder »Biologie der Angst«. Was immer die Gesellschaft ausgebildet hat, um die Scham zu bändigen und zu vermeiden, wird von Kamerun (wie durchaus von anderen Künstlern, Musikern, Komikern und Theatermachern) attackiert, verzerrt, ironisiert. Anständiges Benehmen und nachvollziehbare Handlungen, höfliche Aufmerksamkeit und ritualisierte Festlichkeit, alle verinnerlichten Erziehungsvorschriften, nach denen das Leben nur dann richtig ist, wenn der

Mensch nach den Regeln von Vernunft und Sitte funktioniert, werden in diesen Inszenierungen geschmäht.

Kameruns Kunst ist ein besonders typisches Beispiel für Reflexe auf Konventionen, die zunächst in subkulturellen Bereichen virulent werden, bevor sie eine Phase kultureller Umwälzungen einleiten oder in die Hochkultur integriert werden. Die Errungenschaften jeder kultivierten Distanziertheit, einen halbwegs scham- und verletzungsfreien Umgang zu ermöglichen, neigen nämlich dazu, ihren ursprünglichen Zweck umzukehren. Aus edler Höflichkeit werden steife Formeln, Emanzipationsbestrebungen entwickeln eine autoritäre Weisungsmentalität, Respektbezeugungen verwandeln sich in disziplinierende Maßnahmen, die Traumhäuser der Eltern werden zu den Gefängnissen der Kinder.

Was früher unter dem Begriff »Generationenkonflikt« gefaßt wurde, ist das Unbehagen über die Versteinerung von schamabwehrenden Lebensregeln. Dabei reagiert die neue Generation auf die zu Doktrinen verfestigte Kultur, die einmal der Kontrolle der Scham dienen sollte, wiederum mit Schamgefühlen.

Als unglücklicher Jugendlicher schämt man sich für die Sprache, die Neugier und das uncoole Verhalten seiner Eltern, für Vaters Auto und die Farbe seiner Socken, die ereignislose und saubere Reihenhaussiedlung, die Klamotten, die man tragen muß, für den Pünktlichkeits- und Kontrollwahn, was Ausgehen und Parties betrifft. Man leidet unter der elterlichen Verständnislosigkeit gegenüber Moden, unter der einengenden Gemütlichkeit und dem dürftigen Spaß von erwachsener Freizeitgestaltung. Aber auch fraternisierende Lehrer, die falsche Lockerheit bei Sprüchen und Gesten von Autoritätspersonen und die liebgemeinten Geburtstagsgeschenke, die immer knapp danebenliegen, können ernsthafte Pein bereiten.

Je starrer und demütigender die Vorschriften sind, von denen man sich ständig beengt und kontrolliert fühlt, desto vitaler entwickelt sich die Wut dagegen. Umgangsformen, die das Gemeinwohl auf den Lippen tragen, aber jede Form von echtem Verständnis und Respekt für eine selbstgewählte Lebensart vermissen lassen, machen beinahe zwangsläufig zornig.

Richten wir diesen Haß gegen uns selbst, dann verwandelt er sich in die selbstzerstörerische Kraft von totaler Anpassung, Depression oder Verachtung. Der Spießer ist der Inbegriff dieser Niederlage vor der Form. Beginnt die innere Abwehr aber, sich eine eigenständige Sprache zu suchen, dann können wir unsere Aggressionen produktiv verwandeln. Dann werden wir fähig, eine Wahl für unser eigenes Leben zu treffen und die Entscheidung, anders zu sein, auch mit der nötigen Energie gegen Widerstände zu verteidigen.

Doch das gelingt vermutlich nur, wenn wir uns bewußt werden können, daß wir auf dem Weg der Scham nicht einsam wandeln. Erst mit Verbündeten und Vorbildern gewinnen wir den Mut, unsere Herkunft ernsthaft in Frage zu stellen. Und wenn die daraus entstehende Konfrontation nicht nur eine persönliche, sondern auch eine historisch bedingte ist, dann hat man auch die Chance, Teil einer Bewegung zu sein.

Sei es das in Affektiertheit und Ornamentik erstarrte feudale System, gegen das die bürgerliche Aufklärung mal kühl, mal zornig antrat, oder die strenge katholische Erziehungsinstitution, deren Zöglinge mit einem schwerwiegenden Autoritätsproblem geschlagen zu Gewalt, Dekadenz oder Kultur neigten; sei es die Hippiebewegung mit ihrer Verweigerung bürgerlicher Leistungsnormen oder die 68er Studenten in ihrem Zorn auf die unbearbeitete strukturelle Gewalt einer neu maskierten Tätergeneration – der

Widerstand gegen das Establishment und seine mehr oder weniger fest codierten Benimmformeln etablierte immer neue Regeln. Neue Varianten der gemeinschaftsstiftenden Schamvermeidung, des Respekts nach eigenen Regeln sowie eine eigene Zeichensprache der Mode und Modalitäten dienen der Abgrenzung zum vorherigen Zustand.

Christliche Urgemeinschaften in Rom haben neue Kleidungs-, Verhaltens- und Beziehungsnormen ebenso ausgeformt wie französische Revolutionäre unter der Parole von Freiheit, Gleichheit und Brüderlichkeit. Humanistische Renaissancefürsten unterschieden sich in ihrem Bruch mit konservativen Indizien von englischen Punks nur durch den Grad der Aggression. Der lautstark geforderte »Respect« und die Begrüßungs- und Kleidungsvorschriften als Zeichen widerständigen Selbstbewußtseins verband die amerikanische Hip-Hop-Bewegung in ihrem Beginn mit Freimaurern, Piraten, Dissidenten und fanatischen Moslems.

Die neuen Formeln helfen aber nicht nur bei der inneren Vergewisserung und Verbrüderung neu auftretender Gruppen, sie zielen auch auf die Beschämung der bisherigen Autoritäten mit dem Zweck, sie vom Nähertreten abzuhalten. Indem man mit seinem Gebaren Unverständnis provoziert und absichtlich vergrößert, schafft man sich einen Bereich des Behütetseins und des Schutzes vor Übergriffen, der selbst dann noch als ausgesprochen wertvoll empfunden wird, wenn man ihn permanent gegen Strafen der »elterlichen« Repräsentation verteidigen muß – ja, häufig dient gerade diese Belagerung der gegenseitigen Ermutigung in neu gefundenen Gemeinschaften. Der Druck von außen stärkt innen die Gruppenidentität.

Wie eine widerständige Gemeinschaft sich kleidet und verhält, ist nicht willkürlich. Vielmehr läßt sich eine erstaunliche Gesetzmäßigkeit entdecken. Die neuen Formeln sozialer Erscheinungen stehen stets in einer Beziehung zu den Masken der Vorgänger, die man zu verunsichern und zu beschämen hofft. Die neue Illoyalität kleidet sich deswegen meist ins Negativ des bekämpften Bildes. Sauberkeit wird mit Schmutz widersprochen (Punk), Blässe mit Farbwut (Hippies), barocker Popanz mit schlichter Eleganz (Bürgertum der Aufklärung, Bauhaus), Stille mit Lärm (Rock'n'Roll), Leistungsdruck mit demonstrativer Faulheit (Aussteiger), Ehre mit Gleichmut (Einsiedler und Reformbewegungen), Dekadenz mit Bescheidenheit (Protestanten), Prüderie mit Nacktheit (Pornographie, freie Liebe und FKK), Übermaß mit Askese (Sekten) und so fort.

Sehr oft wird die Beschämung der herrschenden Eliten dadurch noch verstärkt, daß die neuen Bewegungen nachdrücklich den Anspruch äußern, die verlorenen Ideale der alten Organisation wiederherzustellen oder neu zu formulieren. Mit ihrem Auftreten erinnern sie gerne an moralische Grundsätze und Tugenden, die in ihren Gesellschaften nur noch zur Tarnung von Ungerechtigkeit und Unfreiheit behauptet werden. Mit Forderungen nach Freiheit, Gerechtigkeit, Respekt und Wahrheitsliebe und dem Versuch, diese Werte vorzuleben, stellen sie ihr Regime unter Beweisnot. Die starke Waffe ihrer Mission ist das schlechte Gewissen der Macht.

Das intensive Schamgefühl, das Schorsch Kamerun als Rechercheur seiner Arbeit benennt, befähigt also ihn wie andere Künstler und Oppositionelle dazu, die Scham auch dort zu entdecken, wo sie sich hinter Techniken der Macht versteckt. Und so entsteht aus einem wachen Schamempfinden eine Kunst, die in einem subtilen Sinn politisch ist.

Wurzelbehandlung

Obwohl so ziemlich jede Opposition ihre Barrikadenetappe sehr bald mit neuen Visa des Geschmacks beendet und im Fall, daß sie selbst zu einer etablierten Macht wird, Konventionen ausbildet, die ein ähnliches Maß an Intoleranz aufweisen können wie die ihrer Vorgänger, geht es in den Kämpfen um die eigenen Werte doch zunächst immer um ernstgemeinte und empfundene Befreiung. Egal, ob es sich um Protest gegen die Eltern, die Regierung oder die Globalisierung handelt, die Demütigung durch die Selbstgerechtigkeit von Instanzen, deren Wertmaßstäbe man ablehnt, ist echt empfunden. Man sieht deren Urteilskraft eng mit schnöden egoistischen Interessen verwachsen und verachtet die Stumpfheit der Äußerungen, mit denen diese Motive verschleiert werden sollen. So wird es schließlich eine Frage der Selbstachtung, ob man der einengenden Ordnungssturheit, die nicht gewillt ist, ihre Legitimität und die Motive ihres »Wissens« darzulegen oder zu hinterfragen, widerspricht oder nicht.

Warum das Schamgefühl an diesem Akt der Emanzipation so stark beteiligt ist, hängt vermutlich damit zusammen, daß es immer dort spontan reagiert, wo wir gegen unsere eigenen Werte verstoßen, uns dabei selbst ertappen oder ertappt werden. Niemand schämt sich für Dinge, die er im Einklang mit sich selbst vollbringt. Aber die Rebellion gegen Autoritäten geschieht aus Zusammenhängen, die man zunächst als richtig zu akzeptieren gelernt hat. Die Ablösung von Eltern, Gruppen und Nationalgefühlen verlangt vor allem die Verneinung von Erziehungsregeln, die wir als Teil unseres eigenen Bewußtseins einst angenommen haben. Die elterlichen Werte sind Teil unserer eigenen Biographie, seien sie noch solche Respekt- und Verhaltensfloskeln.

Selbst mit der bewußten Erkenntnis ihrer Irrtümer und Lebenslügen ist die Trennung von einstigen Autoritäten ein schmerzhafter Prozeß, weil es uns nie gelingen wird, umstandslos für uns selbst Partei zu ergreifen. Ihre Vorstellungen von gut und schlecht, ehrlich und falsch, anständig und ekelhaft sind Teil und Schule unserer eigenen Moral und Prinzipien, die zudem im Zustand der Weltergreifung noch alles andere als gefestigt sind. Da elterliche Maßnahmen in der Regel unter dem Banner des Guten verkündet und praktiziert werden, sind unsere eigenen unsicheren Vorstellungen davon, was richtig und falsch für uns ist, so extrem anfällig für Scham.

Denn bei aller distanzierenden Kraft ist der Punkt, von dem wir uns entfernen, der Wunsch nach elterlicher Zuneigung, und dieses Paradox, von dem keine Emanzipationsbestrebung frei sein kann, hinterläßt uns den ewig präsenten Schamkonflikt. Scham existiert nicht ohne den Wunsch nach Liebe und Anerkennung, und die selbstgewählte vehemente Zurückweisung der vorherigen Generation und ihrer Regeln ist in seiner Substanz eine Reaktion aus Verzweiflung und Verstörung, Liebe verweigert zu bekommen.

Wir befinden uns bei unserer Selbstbefestigung also gefangen in einem komplex verwachsenen Wurzelwerk der Ansprüche und Erwartungen mit den uns prägenden Gestalten, das zu lichten immer eine teilweise undurchsichtige Aufgabe bleibt. Deswegen werden wir von unseren Schamängsten auch so häufig überwältigt und in die Irre getrieben, weil es uns nicht immer verständlich ist, auf welche Werte sie sich eigentlich beziehen. Gerade daß wir in unserem Streben nach Freiheit so oft übersehen, wie wir noch den Ansprüchen unserer Erziehung und den Niederlagen unserer Vergangenheit verpflichtet sind, macht uns so unsicher und schamanfällig.

Jeder Machtmensch mit einer kleinen Portion Skrupellosigkeit weiß diese Verlegenheit auch sehr verständig für sich auszunutzen. Andere Menschen in dem permanenten Gefühl zu halten, ihren eigenen Ansprüchen nicht zu genügen, macht diese zu gefügigen Werkzeugen der eigenen Interessen – und dabei ist es überhaupt keine große Sensibilitätsleistung, diese Schwäche zu instrumentalisieren, weil die Kenntnis eines persönlichen Schamdesasters dazu gar nicht vonnöten ist. Allein der Vorwurf »Schämst du dich nicht ...« in all seinen variablen Formulierungen reicht aus, um die Schmerzerinnerung hervorzurufen und aus dem so Verschreckten Kapital zu schlagen.

Entwickeln wir also keine biegsamen Widerstandskräfte gegen diese Dienstbarmachung unserer Schwäche, dann begegnet uns der Herbst der Kindheit als Frühling neuer Konflikte ein Leben lang. Sei es im Büro, wo clevere Vorgesetzte den Wert einer Sache so hoch bemessen, daß es dem Angestellten unmöglich ist, seine eignen Interessen gegen die Erledigung einer »bedeutenden Aufgabe« auch nur zu formulieren, so daß er lieber 40 unbezahlte Überstunden macht und Akten mit nach Hause nimmt, als einmal zu erklären, daß er auch ein Privatleben hat. Sei es in Cliquen oder politischen Gruppen, wo charismatische Wortführer die Deutungshoheit über richtig, wahr und gut an sich gerissen haben und einzelne Mitglieder schon mit kleinen Hinweisen auf ihre mangelnde Sollerfüllung disziplinieren können. Aber auch in ganz alltäglichen und kurzen Begegnungen wie mit einem Verkäufer, dem Schaffner oder auf der Behörde können die alten Autoritätskonflikte in Sekundenschnelle erfolgreich die Niederhaltung unserer Gefühle und die demutsvolle Anerkennung von Hierarchien installieren, die wir mit den Beschämungsmomenten unserer Kindheit verinnerlicht haben.

Als Erwachsene beschämen sie uns sogar doppelt, da wir

uns schlagartig in der Ohmacht des Kindes wiederfinden, uns wieder ganz klein fühlen. Deswegen erfordert der kalkulierte Einsatz von Schamgewalt (der sich häufig auch räumlich, symbolisch oder atmosphärisch verstärkt) immer wieder, unhöflich, respektlos und aggressiv zu reagieren, um nicht gefangen zu bleiben in den Schleifen kindlicher Haftung für elterliche Ängste.

Der beste Schutz gegen die Strategen der Beschämung ist natürlich ein gefestigtes und gelassenes Selbstbewußtsein, das es ermöglicht, angstfrei seine Rechte, Gedanken und Empfindungen zu benennen. Aber dieses bekommt niemand geschenkt. Man gewinnt seine mentale Muskulatur aus dem schmerzhaften Training an bestandenen Konflikten. Denn um alte schlechte Erfahrungen durch neue gute zu überschreiben, was langfristig der einzige Weg ist, sich von seinen Schamängsten zu befreien, muß man bereit sein, Herausforderungen zu suchen.

Die Dinge als gegeben zu akzeptieren und sich die aufgescheuerten Knie vor dem Altar traditioneller Vorschriften zu holen anstatt beim Stolpern im unwegsamen Gelände des eigenständigen Handelns, führt nur zu dem stummen Leid fehlenden Selbstwerts. Daß dennoch so viele Menschen lieber eine fürchterliche Ehe aushalten, als die Trennung zu wagen, den Weg zum Therapeuten meiden, obwohl sie jeden Tag in die Schwärze ihrer Lebensangst starren oder Zuflucht beim starren Reglement von Religionen, Sekten oder anderen Glaubensorganisationen suchen, die das selbständige Ergründen des persönlichen Leids für eine unüberprüfbare Versprechung aufgeben, gründet sich vermutlich in der Angst, in neuen Konflikten neu verletzt zu werden.

Erlittene Schmach und Demütigung halten diese Menschen auch nach Jahrzehnten noch in einem Zustand der Wundheit, der sie dazu verleitet, sich lieber in die quälende Rotation der Erinnerungen zurückzuziehen, wo die Schmerzen bekannt sind, als ein Eigenleben zu entwickeln. Das Unheimliche, das man angesichts solch aggressiven Stillstands empfindet, ist vermutlich eine Reaktion auf die panische Angst vor Veränderung, die man dort wahrnimmt. Für dieses Verharren in Schwärze und Zeitlupe scheint jedes Angebot, etwas anderes auszuprobieren, nur das Versprechen einer neuen Niederlage zu sein – und damit eine Bedrohung, die die Lage nur verschlimmern kann

Doch selbst der Teil der Menschheit, der gewillt ist, seine Ängste und Wunden durch Tatkraft zu heilen, wird schnell erkennen, daß die Menge der Antworten, die ihm geboten wird, die ganze Einsamkeit seiner Not erst einmal vergrößert. Denn persönliche Konfliktbereitschaft trifft auf ein solch breites Spektrum von Angeboten zur Entspannung und Heilsversprechen zum Glück, daß Orientierungspanik die verständlichste Reaktion ist.

Von Ajurveda und Astrologie über Psychoanalyse und Pogo zu Time-Life-Balance und Tanztherapie schließlich zu Zahnfleischmassage und Zen reichen die konkurrierenden Theologien der seelischen Schlüsselgewalten. Zwar findet jede Kirche auch ihre Gläubigen, und abhängig von der eigenen Geschichte mögen die unterschiedlichsten symbolischen Ansprachen auch einen Sinn entwickeln. Deswegen muß man zunächst sicherlich anerkennen, daß es nicht den richtigen Weg gibt, wie man sich seiner Plagegeister entledigt, sondern nur den falschen, nämlich nichts zu tun.

Dennoch wird, wer seine Erinnerungsschmerzen allein durch Spiritualität, Askese oder Selbstaufgabe in einer Gruppenstruktur zu mildern versucht, an einem entscheidenden Punkt scheitern müssen. Er kann damit den menschlichen Drang zur Erklärung nicht abstellen, der mit Widerspruchsgeist, Erfindungsreichtum und Neugier durch die gesamte Menschheitsgeschichte verantwortlich für alles ist, was eine tatsächliche Besserung unseres Schicksals gebracht hat. Diskussion, Zweifel, Kritik, Erfahrungsmut und Studium sind immer noch die tauglichsten Mittel, um ein sozial bestimmtes Wesen wie den Menschen von der halluzinierten zur skeptischen Qualität von Verständnis gelangen zu lassen.

Zwar sind sowohl Glaube wie Skepsis verdammt zu Irrtümern, aber die Irrtümer der zweifelnden Abwägung sind keine Fehler. Sie unterstützen einen Lernprozeß. Die religiöse Angst vor Neuerungen und die teilweise drakonischen Strafen jeder Orthodoxie für Zweifel stehen der belebenden Aufforderung aus Neugier und Skepsis gegenüber, mit der allein wir eine verantwortungsvolle Menschlichkeit auf der Basis von umfassender Kenntnis gewinnen können. Lernen wir, wie die Scham Fehler versteckt, dann haben wir auch einen Ansatzpunkt, um diese produktiv zu machen.

Helden der Scham VIII
LUCIFER / LOKI / MALDOROR

Es gibt kaum eine paradoxere Figur der menschlichen Geistesgeschichte als den Teufel. Der von Gottes Allmacht beschämte Rebell, zum Niedrigen und Bösen verdammt, beweist in seinem Wirken doch immer nur Gottes Unvollkommenheit und damit Gutes. Auch wenn die meisten Theologien sich bemühen, den Teufel als Teil von Gottes großem, unbekanntem Plan darzustellen, ist es doch erst der gefallene Engel, der den freien Willen des Menschen begründet, da dieser Wille sich in seinen Prüfungen zwischen Gut und Böse entscheiden muß. Und mit dem freien Willen ist Gottes Allmacht nun mal hinfällig, weil es offensichtlich einen Freiraum gibt, der sich seiner Verantwortung entzieht.

So ist der Teufel, zumindest in seinen mythischen und komplexen Erscheinungen, auch viel weniger das personifizierte Böse als ein Verführer zum Zweifel. Egal, ob er in John Miltons Epos vom verlorenen Paradies die Schande seiner Niederlage gegen Gottes Armee durch Rache am Menschen verdaut, in Lautréamonts schweifender Erzählweise das Unterbewußte des 19. Jahrhunderts aufwühlt, ob er als Loki in den germanischen Mythen völlig irrational Gutes und Schlechtes tut oder als hebräischer Satan (der »Ankläger«) in Gottes Auftrag die Menschen auf ihre Rechtschaffenheit prüft – er stellt stets Reinheit und Gewißheit in Frage, führt die Menschen zur Sünde, um den Wert ihrer Moral zu testen, oder weicht die Grenzen zwischen Recht und Unrecht auf, wenn der Mensch sich seiner Gesetze zu sicher wird. Als Schutzheiliger der Verwirrung sorgt er dafür, daß wir unsere Unsicherheit ehren und nicht zu vertrauensselig den falschen Versprechungen von reinem Glück verfallen. Und als Fachmann für Ausschweifungen und Neugier garantiert er dafür, daß die menschliche Evolution nicht in Zwischenergebnissen steckenbleibt und der Geist verstockt.

Das Dunkle, das ihn umgibt, und die Angst, die er hervorruft, haben wir dank Psychologie und Kulturerzeugnissen als Teil unserer komplizierten Psyche lesen gelernt. Die Verwerflichkeit, die seine ausgeschmückte Ungestalt symbolisiert, ist uns mittlerweile als Sehnsucht nach Veränderung vertraut. Und die Unschuld, die von Satan und seinen Truppen so emsig bekämpft wird, erscheint uns nach diversen historischen Lektionen entwürdigender Verbrechen im Namen des Reinen und Guten nur noch als märchenhaftes Ideal von Schönrednern, die sich ihren eigenen schmerzlichen Erfahrungen nicht stellen wollen. Mit seiner unbeirrbaren Skepsis gegenüber dem Eindeutigen hat der Große Verführer uns mühsam gelehrt, ein vollständiger Mensch zu werden.

Luzifer, der große Herausforderer, ist in all seiner Verkörperung unserer Phantasie der eigentliche Schöpfer einer veränderbaren Welt, weil er gleichzeitig unsere Lüste und Ängste darstellt. Und damit ist er auch der leidenschaftliche Konzertmeister der Scham. Denn das Prinzip Teufel lehrt uns das Abwägen zwischen Sünde mit schlechtem Gewissen oder Tugend mit quälenden Träumen.

Melmoth der Wanderer, Faust oder Dorian Gray, von ihrer Unwissenheit und mangelnder Vollkommenheit beschämt, versuchten den Teufel – stellvertretend für die Menschheit –, weil sie getrieben waren von der Hoffnung, das Prinzip der Endlichkeit zu überwinden. Aber sie lernten dabei nur die Schrecken des gezähmten Verfalls kennen. Jeden Tag riß der Zweifel die Kluft zwischen Hochmut und sicherer Auflösung schmerzlich weiter auf, und ihr Glaube, das Glück ließe sich konservieren, endlos steigern oder ohne Trauer genießen, wurde in literarischer Schönheit auf die Einsicht des einfachen Menschen zurückgeführt: Alles hat seinen Preis. Oder wie Satan es in Miltons Epos feststellt: Das Paradies besteht nur »dank Unwissenheit«.

Scham, die Mutter der Skepsis

Kunst und Wissenschaft teilen den Ruf, eine schöpferische Avantgarde zu sein, die der Gesellschaft Neuland erschließt. Obwohl sie in ihrer Untersuchung der Welt sehr unterschiedlich vorgehen, stehen die beiden Arbeitsweisen doch in einem Punkt tatsächlich näher zueinander als zur restlichen Gesellschaft. Sie kommen nur dann zu nachhaltigen Ergebnissen, wenn sie fähig sind, die vorgefundene Wirklichkeit grundsätzlich in Frage zu stellen.

Dabei spielt das bewußte Schamempfinden eine wichtige Rolle. Geübt im Aufspüren des Verborgenen, bemerkt es in der Auseinandersetzung mit dem Vorgefundenen zweite Absichten, kann hinter Maskeraden blicken und die verlegenen Gründe hinter Verneinungen aufspüren. Reflektiertes Schambewußtsein als ein Denkwerkzeug, das dem Schein nicht traut, besitzt die Fähigkeit, bestehende Denksysteme daraufhin zu prüfen, ob sie sich noch im Fluß ernsthafter Kritik oder bereits im Zustand ideologischer Abschottung befinden.

Jeder Anspruch auf eine endgültige Wahrheit und Lösung, sei er wissenschaftlicher, politischer, kultureller oder religiöser Art, bemäntelt den uneingestandenen Wunsch, einen Zustand als stabil zu etablieren, damit er nicht mehr hinterfragt wird: Erklärungen von der »funktionierenden Demokratie« oder dem »Ende der Geschichte«, die Behauptung einer »Weltformel«, eines »vollendeten Kunstwerks« oder einer »Goldenen Epoche« sind ebensolche Blender wie die »glückliche Familie« oder das »perfekte System«. Das Unwohlsein über die natürliche Unvollkommenheit von Ideen wie von Wirklichkeit maskiert sich mit Dogmatik, »Naturgesetzen«, Moral oder akademischer Arroganz, die Zweifel unterbinden möchte. Nachfragen und

Nachforschungen werden als Beleidigung empfunden und zumindest mit Mißachtung bestraft.

Den skeptischen Geist mag diese Technik erst recht dazu anregen, nach den Fehlern im System zu suchen. Der Verdacht, jemand wolle etwas verbergen, reizt die Neugier; die Behauptung, ein Prozeß sei durch die Verdienste einer Person, Institution oder Führung bei seiner paradiesischen Richtigkeit angelangt, kann keine kritische Intelligenz ohne Spott kommentieren.

Als Faustregel gilt: Je starrer das System, desto reicher an Fehlern ist es, allerdings vermutlich auch um so gewillter, seine Schwäche notfalls mit Gewalt zu leugnen. Und die Vorgehensweise gegen Zweifel, freies Denken und energische Neugier nimmt an Brutalität zu, je angebrachter die Nachfrage tatsächlich ist. Als beständigstes Beispiel dieser Fortifikation des Denkens kann sicherlich die katholische Kirche in ihrem jahrhundertelangen Kampf gegen rationales Denken, alternative Glaubenskonzepte und wissenschaftliche Beweisführung gelten. Aber jede politische Diktatur und jede andere religiöse Welterklärungsdoktrin reagiert ebenso diskriminierend allem gegenüber, das ihren totalen Wahrheitsanspruch in seiner Lächerlichkeit bloßstellen könnte.

Da Kunst und Wissenschaft durch die längste Zeit der Geschichte diesen geschlossenen Kanon des Denkens vorfanden, bedurfte der notwendige Widerspruch stets großen Muts zu Brüskierung und Eigensinn, um sich durchzusetzen. Deswegen benötigten skeptische Menschen immer auch die Fähigkeit, selbst Scham auszuhalten. Die Anfeindungen und Verhöhnungen, die Darwin, Galileo, Freud oder Einstein für ihre großen Korrekturen am Weltbild sowie van Gogh, Picasso, Warhol oder Beuys durch die Erfindung neuer Bildwelten zu ertragen hatten, waren nicht nur als Formen polemischer Auseinandersetzung, sondern auch als gezielte persönliche Demütigungen zu verstehen – und wurden auch so wahrgenommen. Nietzsche litt sicherlich am pathetischsten an dieser Kritik. Nicht zufällig schrieb er ins Zentrum seiner »Fröhlichen Wissenschaft«: »Wen nennst du schlecht? – Den, der immer beschämen will. Was ist dir das Menschlichste? – Jemand Scham ersparen. Was ist das Siegel erreichter Freiheit? – Sich nicht mehr vor sich selbst zu schämen.«

Gewinnen die verkannten Propheten den Status neuer überlegener Narrationen, finden sie Apostel und Gemeinden, die zum Zweck des persönlichen Machterhalts die originellen Denker für sich vereinnahmen und zu Schulen erklären. Dann verengt sich häufig das komplexe und inspirierende Gedankengebäude zu ideologischen Thesen, und es bildet sich ein neues System der Beschämung gegen Personen heraus, die diese Traditionen nicht als unveränderlich akzeptieren möchten. Der Wille zum Machterhalt setzt dann die Maske professioneller Skepsis auf und tritt auf als Rechthaberei. Gegenrede wird als infantil denunziert, Neues als bereits Dagewesenes, und das Recht auf Wahrheitszweifel, auf das man einst selbst so stolz war, versagt man der nächsten Generation in abschätzigen Bemerkungen über ihre Experimente.

Da treten dann betagte Regisseure auf, die einst Teil einer Erneuerungsbewegung waren, aber längst nur noch langweilige Wiederholungen ihrer besten Jahre inszenieren, und beschimpfen junge Kollegen pauschal als dumm und oberflächlich. Da verweigern behagliche Akademiker sich der Auseinandersetzung mit neuen Phänomenen mit der monotonen Bemerkung, daß ihre Helden wie Adorno und Benjamin, Kant und Hegel, Foucault und Lacan das alles längst erschöpfend behandelt hätten. Psychoanalytiker stänkern gegenüber empirischen Therapeuten, denen Freuds Begrifflichkeit von »Penisneid« und »Traumanalyse«

in der Praxis nicht weiterhilft, ihnen mangele es an Wissenschaftlichkeit und System. Und Wagnerianer bescheinigen der Popmusik, strukturell volksverblödend zu sein.

Solche Äußerungen lärmender Selbstgewißheit laden natürlich dazu ein, erst recht genau hinzusehen, ob diese Haltungen noch inspirierend wirken wollen oder lediglich insistierend auftreten. Und so wird derjenige, der die alte Theorie kritisch betrachtet, von der Selbstzufriedenheit ihrer Vertreter eventuell stärker angestachelt, nach Irrtümern zu forschen.

In den Naturwissenschaften hat das Gebot zur Verifizierung von Annahmen den begleitenden Vorteil, daß Kritik nicht so intensiv als persönliche Kränkung empfunden wird. Dem Schamkonflikt zwischen alter und neuer Wahrheit wird die Brisanz von Tadel, Blamage, Bloßstellung und gegenseitiger Demütigung weitgehend entzogen, weil Regeln, die für alle verbindlich und überprüfbar gelten, nicht zwangsläufig das Ansehen der Person verletzen. Wie im Sport mit seinem klaren Regelwerk greift Fairneß in der Naturwissenschaft als elegantes Instrument zur Schamvermeidung, und das deutlich leichter als in den Geisteswissenschaften, wo eine wissenschaftliche Position immer auch eine persönliche ist und sachliche Angriffe somit immer auch den Menschen treffen. Deswegen scheint in den unexakten Wissenschaften der Selbstschutz in Form inszenierter akademischer Würde doch noch wesentlich notwendiger. Würde, eigentlich ein Ausdruck von Schamruhe, verwandelt sich hier gelegentlich in eine apotropäische Maske, um die Versuchung kritischen Widerstands zu bannen.

Diesem Punkt der Kritikfähigkeit kommt entscheidende Bedeutung zu, will eine Gesellschaft ihren inneren Zusammenhalt nicht nur imaginieren oder an mißbräuchlicher Symbolik festmachen. Auf dem Parkett des gesellschaftlichen Disputs sind Beleidigtsein und persönliche Kränkung ein Lähmungsgift, das die Konsequenzen eines ungeklärten Schamgefühls aufzeigt. Wer Kritik leicht persönlich nimmt, sich eine Umgebung sucht, in der Widerspruch keine selbstverständliche und gewollte Kultur ist, wer Vorschläge und Ideen von anderen fürchtet, weil sie seinen Status bedrohen könnten, und nachtragend auf Kränkungen reagiert, die aus offenem Widerspruch entstanden sind, wer also eine Atmosphäre um sich aufbaut, in der Kritik nicht Interesse, sondern Rechtfertigungen provoziert, der behindert aus falscher Angst vor Beschämung massiv die Verständigungsbereitschaft, ohne die Konflikte nicht gelöst werden können.

Die Aufrichtigkeit, Gegebenheiten immer wieder grundsätzlich in Frage zu stellen (oder stellen zu lassen), um Probleme zu lösen, entwickelt sich um so kraftschonender, je weniger Eitelkeiten und persönliche Verletzlichkeit im Spiel sind. Die eigene Fähigkeit, Fehler einzugestehen, Neugier für den gegensätzlichen Standpunkt unabhängig vom Status des Kritisierenden aufzubringen, eine möglichst freie und unprätentiöse Weise, Selbstkritik zu äußern und sich über neue Einsichten zu freuen, selbst wenn sie einen zwingen, lange vehement vertretene Positionen als Irrtümer zu benennen, zeigt und befördert einen Zustand innerer Freiheit und Bescheidenheit, der ohne die Listen der Beschämung auskommt.

Mut ist ansteckend

Es wird uns schlechterdings niemals gelingen, unsere Schamängste von ihrer lähmenden Gravitation zu befreien, wenn wir nicht fähig sind, grundsätzlich Vertrauen zu geben, Aufrichtigkeit zu erkennen, wo sie angeboten wird, und selbst eine Atmosphäre zu schaffen, in der die Ruhe gegenseitiger Versicherung dem aufrichtigen Wort das Risiko nimmt. Wechselseitiges Vertrauen zeigt sich untrüglich darin, ob wir Wahrheiten aussprechen können, ohne uns zu schämen, Kritik anbringen dürfen, ohne Verstockung auszulösen, Wünsche äußern können, ohne rot zu werden.

Wie unterschiedlich die Beziehung von Schamangst und Vertrauen sich zum Wohl und Weh des Wohlbefindens ausgestalten kann, läßt sich an einem so einfachen Beispiel wie dem Umgang mit Mundgeruch beschreiben. Mundgeruch hat den Nachteil, daß der Träger selbst ihn in den seltensten Fällen bemerkt, die meisten Menschen sich aber genieren, einen anderen auf seine Körpergerüche aufmerksam zu machen – zumal Mundgeruch nichts ist, was man eben mal wegdeodorieren kann, so daß der Hinweis darauf zunächst lang anhaltende Verunsicherung auslösen kann. Und das ist eine Situation, die man niemandem zumuten möchte, auch um das ansonsten vielleicht entspannte Verhältnis untereinander nicht zu verkrampfen.

Die einzelnen Situationen, in denen Mundgeruch ein Thema ist (und es ist beim leichtesten Auftreten, natürlich abhängig von der Empfindlichkeit des Gegenübers, sofort ein Thema), gestalten sich abhängig von der Beziehung der beteiligten Personen und ihrer inneren Sicherheit völlig unterschiedlich. Es gibt eine bekannte Fernsehmoderatorin, deren Mundgeruch legendär ist, die aber offensichtlich weder einer ihrer zahllosen Gesprächspartner noch ihre

Redaktionskollegen jemals auf diesen Umstand hingewiesen haben. Vermutlich erzeugt diese von ihr unbemerkte Duftwolke eine instinktive Kontaktvermeidung und damit eine diskrete Isolierung, die sie sich nicht erklären kann, die aber natürlich gerade für ihren kommunikativen Beruf fatal ist. Die dünnen Bande des Vertrauens in ihrem Umfeld verleiten das schamhafte Verhalten dazu, eine beruflich wie menschlich nachhaltige Beeinträchtigung zu festigen. Allerdings ist nicht gesagt, daß der offene Hinweis auf den olfaktorischen Eindruck unbedingt zu einer Entspannung und Verbesserung der Situation führen würde.

Der Verweis auf körperliche »Mängel« im beruflichen Umfeld weckt oft (und oft nicht unbegründete) Mobbingängste. Gerade im Hinweis darauf, daß alle anderen Kollegen »es« auch schon bemerkt haben, liegt – so banal es scheint – ein Schockpotential tiefster Beschämung, das zu depressiver Verunsicherung und psychischen Problemen führen kann. Studien belegen, daß Menschen, die sich am Arbeitsplatz persönlich diffamiert fühlen, doppelt so viele Krankheitstage aufweisen wie mit sich zufriedene Arbeitnehmer.

In dem Theaterstück »Kaspar Häuser Meer« von Felicia Zeller, in dem es um Streß, Angst und Überforderung in einer Behörde geht, die sich mit Kindesmißbrauch beschäftigt, gibt es eine exemplarische Ansprache an eine Kollegin, die die ganze Gewalt der Demütigung unter dem Deckmantel der Rücksicht ausdrückt: »Offensiv herausgesagt: Es ist doch in letzter Zeit sehr auffällig, uns allen fällt auf, daß du anscheinend in letzter Zeit ein ICH SAGE ES FREI HERAUS Problem im Umgang mit Alkohol hast. Ohne dir jetzt einen Strick draus drehen zu wollen, aber ... Das geht jetzt schon einige Zeit so, und ich hab das toleriert, weil ich dich gut kenne und Vertrauen in dich habe, daß du mit deinen Problemen ABER JE LÄNGER

DAS NUN ANHÄLT desto mehr denke ich, ist es vielleicht doch keine vorübergehende in Anführungsstrichen Phase, sondern daß du womöglich doch Sorgen hast, die du allein momentan nicht in der Lage bist, selbst zu lösen. Du kannst mit deinem Leben machen, was du ES GEHT MICH SOLANGE NICHTS AN bis ich das Gefühl habe, daß es zu einem Punkt kommt, wo unsere Arbeit hier in irgendeiner Weise ...«

Mag das schlechte Verhältnis aus hohem Schamdruck und dünner Vertrauenshülle im beruflichen Umfeld sich manchmal besser durch eine Mauer des Schweigens regulieren, so gelten für das private und intime Umfeld geradezu entgegengesetzte Vertrauensregeln, die aber ebenfalls zu komplizierten Verwerfungen führen können. Der Überanspruch von bedingungsloser Ehrlichkeit in der Partnerschaft im Zusammenspiel mit der Angst, durch unangenehme Aussagen das liebende Verhältnis zu gefährden, schaffen häufig versteckte Hinweise, die in ihrer indirekten Art verletzender sein können als jede klare und rechtzeitige Ansage. Da versteckt sich der Hinweis auf die Fäulnisfahne in Fragen wie: »Hast du eigentlich Probleme mit dem Magen?«, neben dem Bett liegen immer Zahnpflegekaugummis, oder der riechende Partner entwickelt eine eigentümliche Manier, seine Nase permanent mit der Hand abzuschirmen. Dauern solche Verhaltensweisen lange genug an, ohne ihrer Erklärung zugeführt zu werden, dann folgt garantiert irgendwann doch die Auflösung, verbunden mit der vertrauensbrechenden Frage: »Warum hast du mir das nicht längst gesagt?«

Entspannt läßt sich eine solche Situation nur bewältigen, wenn man lernt, unangenehme Dinge unmittelbar und mit einer Haltung auszusprechen, die dem anderen das Gefühl gibt, daß er sich nicht zu schämen braucht. Und das gelingt dann am besten, wenn man sich selbst nicht schämt.

Innerlich gefaßt läßt sich der Hinweis auf Mundgeruch in einen Horizont einbetten, der zeigt, daß es sich dabei nicht um einen Ausdruck der Verwahrlosung, sondern um ein allgemein menschliches Vorkommnis handelt, das ohne Strafe und Liebesentzug öffentlich gemacht werden kann. Auch das Sprechen über viel tiefgreifendere Konflikte läßt sich entspannter führen, wenn man individuelle Schwierigkeiten in allgemeine Erfahrungen einbetten kann. Denn schämen werde ich mich nur, solange ich in dem Gefühl gefangen bin, individuell versagt zu haben.

Erleichterung stellt sich aber ein, wenn ein Gespräch eröffnet, daß es einen gemeinsamen Erfahrungsschatz gibt, über den zumindest eine Person ohne Schüchternheit sprechen kann. Deswegen führt die Entscheidung, die eigene Schamhemmung zu überwinden und Ängste zu benennen, persönliche Verzweiflung einzugestehen und fürchterliche Erfahrungen öffentlich zu machen, nicht nur in erprobten Therapiesituationen zu einem ansteckenden Effekt, der andere veranlaßt, auch über sich zu sprechen. Vermittelt mir das Gegenüber das Vertrauen, daß mein Mangel Teil ähnlich gemachter Erfahrungen ist, verliert sich mein Schamgefühl in Zutrauen, und der ungeheure innere Druck kann sich nach und nach Erleichterung verschaffen.

Die Voraussetzung des Schamgefühls ist ja seine Behauptung des individuellen Versagens (weswegen Menschen in der Masse auch so schamlos Dinge tun, für die sie allein sich in Grund und Boden schämen würden). Falls mir also die Grenze zwischen persönlichem Schuldgefühl und allgemeinen Erfahrungen beginnt, flüssig zu erscheinen, verliert dieser Abwehrschmerz seine Widerstände und er schlafft. Der Druck, totale individuelle Verantwortung für etwas zu empfinden, entfällt in dem Moment, wo offensichtlich wird, daß viele Menschen auch an meinem Problem laborieren. Dann kann ich auch über meine Ängste anders nachdenken als nur in den Klassifizierungen von richtig und falsch, Schuld und Unschuld, ich und die anderen.

Die Klarheit unserer Schamempfindungen läßt sich durch den Abgleich unserer Erfahrungen zerstreuen. Und mit dieser Öffnung werden wir auch verständig für eine aufmunternde Sicht der Welt, die leicht im Schatten des Denkmals, das unsere Gesellschaft der Rationalität errichtet hat, vergessen wird. Der Nährboden der Skepsis, aus dem immer wieder neue Gewächse des Zweifels, der Dissonanz, der Mehrdeutigkeit, immer neue Anstrengungen zur Unordnung, Verdunkelung und Verwirrung erwachsen, mit denen sich die Klarheit unserer Scham zerstreuen läßt, ist die Kultur der Ambivalenz.

Helden der Scham IX
MARY SHELLEY

Er möchte ein nobler Gentleman sein und endet als rasender Mörder. Frankensteins Geschöpf, ein sensibles, schöngeistiges und liebevolles Wesen, wird ein Opfer seines Aussehens, das allein über seinen Wert richtet. Von seinem Schöpfer schlampig unter Verwendung von Leichenteilen konstruiert und gewissenlos zum Leben erweckt, reizt das abscheuliche und riesenhafte Aussehen die Menschen zu so einseitigen Reaktionen von Gewalt und Haß, daß das Wesen sich dem äußeren Anschein auch innerlich anpassen muß.

Mit ihrem literarischen Freilandversuch über die entfesselte Zerstörungskraft von Kränkungen, »Frankenstein oder Der neue Prometheus«, den sie im literarischen Wettstreit mit Lord Byron, dessen Leibarzt John Polidori und ihrem späteren Mann Percy Shelley in einer Villa am Genfer See 1816 durchführte, beschreibt Mary Shelley, wie gnadenlos der menschliche Stolz Wesen von trauriger Gestalt zugrunde richtet. In einer großen Geste des Mitgefühls erfindet sie dabei einige der rührendsten Enttäuschungen der Literaturgeschichte. Das geduldig in einem Holzverschlag sich verstechende Kunstwesen, das in sehnsüchtiger Zuneigung einer armen Flüchtlingsfamilie als unsichtbarer Hausgeist über die Widrigkeiten der Armut hilft, wird von diesen ebenso geschlagen, gedemütigt und fortgejagt, sobald es sich zeigt, wie von jedem anderen Menschen, dem es sich gerne anvertrauen würde. Die mitleidslosen Schockreaktionen beim Anblick des völlig entstellten menschlichen Hybriden lehrt diesen immer wieder nur eins: absolut liebensunwert zu sein. Da er sich schon wegen seiner enormen Körpergröße nicht durch Verkleidung den Schmähungen entziehen kann, bleibt dem häßlichen Geschöpf nur ein Weg, sich von der Verachtung zu distanzieren. Frankenstein muß ein weibliches Wesen ihm gleich schaffen, mit dem das Monster in totaler Weltentsagung glücklich werden kann. Frankenstein willigt aus Ergriffenheit für das Schicksal seines Monsters ein, doch Ekel vor der mißlungenen Schöpfung sowie Angst vor dem unkontrollierbaren Experiment lassen den Doktor das zweite Werk wieder zerstören. Gerechtigkeit für die Verdammten ist kein Wert im Gewissenskonflikt eines Mannes, der Gott spielen wollte, ohne die Konsequenzen zu verstehen.

Shelleys Roman ist deswegen nicht nur das einfühlsame Porträt einer schönen Seele in einem häßlichen Körper, die an Demütigungen zugrunde geht, sondern vor allem ein Blick auf die Kehrseite des Expertentums. Wie der Ehrgeiz bei Viktor Frankenstein über das Gewissen siegt und was geschieht, wenn man sich der Verantwortung für seine Taten schämt, das führt zur eigentlichen Moral dieses schönen Schauermärchens. Im eitlen Wunsch, alles, was möglich ist, auch in die Tat umzusetzen, steckt der erste Impuls einer zerstörerischen Kettenreaktion. Daß Frankenstein sein Monster erschafft, ohne sich um dessen Würde zu sorgen, löst die tragische Explosion aus Leid und Tod aus. Der einzige gute Berater, den Shelley ihren Kombattanten mitgibt, ist das Schamgefühl, das zum Innehalten und zum Mitleid rät. Aber am Ende siegt doch die Selbstgewißheit über die Zurückhaltung auf einem Feldherrenhügel aus Leichen.

Durch das Himmelstor der Verschwommenheit

Zygmunt Baumans höflich verfaßten Streitschriften gegen den Primat der Rationalität und seine furchtbaren Auswüchse als Dogma verdanken wir die Beschreibung einer gespaltenen Moderne, deren Komponenten kaum widersprüchlicher sein könnten. Während die staatliche, wissenschaftliche und technische Moderne so lange konsequent bestrebt ist, Ordnung und Eindeutigkeit, Wahrheitssätze und Sicherheit, Hygiene und Perfektion herzustellen, bis sie in Bürokratie, Ideologie, Zwang und Gehorsam erstarrt ist, sucht die künstlerische Moderne seit Anbeginn ebenso konsequent nach der Auflösung von starren Gedankenverbindungen und findet ihre ergreifendsten Momente dort, wo sie sich mit Vieldeutigkeit, widersprüchlichen Deutungsmöglichkeiten und explosiver Assoziation auflädt.

Obwohl die Verführungskraft von eindeutigen Botschaften in der Geschichte der eher komplizierten Aufgabenstellung von Unsicherheit und des Ungewissen überlegen war, führt sie ohne ihr Gegengewicht in den Gesinnungsterror. Das Erscheinen offizieller Staatskunst in ihrer unmißverständlichen Symbolik etwa ist auch immer ein Prospekt pervertierter Eigenschaften und eines irrwitzigen Strebens nach Konsequenz in allen Details, das der Menschlichkeit Gewalt antun wird. Prinzipien erzeugen erst durch eine gewisse Inkonsequenz Leben, die verengende Bewegung eines analysierenden und ordnenden Bewußtseins zerstört mit zunehmendem Eifer den Reichtum des Daseins durch Ausschluß.

Die Behandlung des Schamgefühls unterliegt ebendieser Dialektik. Während die strukturierenden Instanzen der Gesellschaft bemüht waren, Scham zu verbergen oder zu instrumentalisieren, mittels Beichte aus dem Dunklen zu locken und in einem klaren System von Schuld und Sühne wieder sozial handhabbar zu machen oder später mit wissenschaftlicher Psychologie Lebenshilfe durch Erklärungen zu bieten, suchten bildende Kunst und Drama, Romanautoren und Musiker, Filme und Rituale den Schamkonflikt in seiner ganzen unklaren Morphologie und Wertigkeit auszumalen.

Maskenspiele, Irrationalität, Verschwommenheit und die Schrecken unlogischen Verhaltens sind ein Basso continuo aller Künste und entwickelten ihre große Spannkraft in der Regel in Konkurrenz zu einer streng strukturierenden Macht.

Caravaggios Darstellung von Heiligen durch Dirnen und Kneipenbekanntschaften gab seinen Gemälden nicht nur eine besondere Lebendigkeit, sondern nahm gleichzeitig Stellung gegen die idealisierte und schamvermeidende Beschreibung von Seligkeit als makellosem Schönheitsideal. Die niederländische und flämische Malerei des sogenannten »Goldenen Zeitalters« gab dem Derben, Häßlichen und Ausgelassenen unmittelbare ästhetische Würde und verschob damit das wirkliche menschliche Treiben aus dem Hintergrund, der Randfigur oder dem streng Verschiedenen der christlichen Verklärung ins Zentrum der Aufmerksamkeit. All das, wofür verklemmte Tugendwächter empfahlen, sich zu schämen, wurde mit dieser realistischen Malerei aus Kneipen, Bordellen, vom Festplatz und aus Bürgerstuben plötzlich Ausdruck gesellschaftlichen Stolzes. Seht her, so sind wir.

Die verschiedenen Künstlerbewegungen der Moderne suchten nach den peinlich gehüteten Geheimnissen des bürgerlichen Innenlebens und fanden in symbolischen Erfindungen, befreiten Formen und emotional gesetzten Farben, in träumerischer Radikalität, rätselhafter Erotik oder zügellosem Unsinn Metaphern für eine psychologische

Parallelwelt, die mit der bürgerlichen Ordnungssehnsucht, Sitte, Sauberkeit, Schamhaftigkeit, Benehmensscholastik und dem sorgsamen Ausblenden allen Dysfunktionalen aus der Erscheinung brach, und legten dem empfangsbereiten Menschen einen anderen Umgang mit seinen Ängsten und Empfindlichkeiten, seiner Nacktheit und dem Irrationalen nahe.

In der Nachkriegskunst und ihrer unglaublichen Vervielfältigung und Differenzierung in der Gegenwart ist dieses Projekt nahezu abgeschlossen. Es sind nur noch sehr wenige Tabubrüche vorstellbar, die schambehütete Geheimnisse der Menschheit vor den Kadi einer verständigen Öffentlichkeit zerren könnten. Benannt und gedeutet ist scheinbar alles, jetzt läßt es sich mit den natürlicherweise weiter existierenden Schamkomplexen und Ängsten spielen. Das ist vielleicht auch ein Grund, warum der Humor in den letzten Jahren eine so prägende Stellung in der Kunst gewonnen hat. Erleichtert um Drohung und Ehre eines mächtigen Feinds, der mit Tugend und Moral argumentierend und mit Strafe und Ausschluß wirkend seine Fehlerhaftigkeit zu verbergen suchte, kann die neue Sensibilität die letzten Gefechte als Komödie kämpfen.

Der Tragik Kern

Ähnliche Evolutionen der Schamsensibilität lassen sich auch für die Literatur von ihren Anfängen her nachvollziehen. Die antike Tragödie ist im Wesen Schamdramatik. Nicht zufällig sind ihre Helden Namensgeber zahlreicher seelischer Gebrechen. Vom Narzißmus und dem Ödipuskomplex bis zum Kassandraruf und der Achillesferse beschreiben die Analogien existentiell beschämende Momente menschlicher Unvollkommenheit und der Mißachtung von Schamgrenzen. Der antike Zorn als vernichtender Zug fehlenden Selbstgewahrseins ist die Kehrseite eines stummen Entsetzens, das sich anbahnende Konflikte nicht verhindert, da es in Schamstille gezwungen ist.

Beschämte Fürsten vernichten Troja, beschämte Frauen gehen schuldlos in den Tod oder richten sich selbst, weil sie die Ursache ihres Leids nicht benennen und ändern können. Scham verschließt ihnen den Mund, wo sie Leben retten und ihr eigenes Schicksal ändern könnten, und dort, wo sie männliche Attribute von Kampf, Rache und Sieg annehmen, da führt ihre Verzweiflung sie zum Kindsmord wie bei Medea, zum zerbrechenden Herzen wie Penthesilea oder zur Hinrichtung wie im Antigone-Mythos.

Ehre und Stolzgebaren als die dummen Verwandten der Scham richten in diesen Mythen grauenhafte Massaker an, Schande als soziale Sanktion der Scham löscht Familien aus, und die davor zu fliehen versuchen, wie Ödipus, werden um so grausamer in ihr Schicksal hineingestoßen.

Schließlich ist das Leitmotiv der griechischen Untergangspoesie, die Rache als einzig vorstellbare Aktion zur Tilgung erfahrenen Ehrverlustes, nichts anderes als entfesselte Schamhitze. Als Ausdruck archaischer Unfähigkeit, mit der Beschämung anders als gewalttätig umzugehen, führt die Verwandlung der Verletztheit in Haß direkt in den so fatal mit dem Schamgefühl verbundenen Begriff der Ehre, der bis heute als Vergewisserungsmythos aggressiver Gruppenzusammenhänge von Straßengangs bis zu Staatspräsidenten die Schambarrieren niederdrückt und Gewalt legitimiert. Verständnis und Verzeihen, die zwei Entwicklungsstufen auf dem Weg zu einer klugen und ausgleichenden Bewertung von Schamschmerz, kommen bei der Geburtsstunde der europäischen Heldenfigur in all ihrer Gebrochenheit nur ausnahmsweise vor und führen noch seltener zum Erfolg.

Obwohl im Zusammenhang antiker Stoffe meist von Schuld als Kern der Tragödie gesprochen wird, fehlen die tragischen Helden in der Regel nicht laut eines Kausalzusammenhangs, der als justitiable Verfehlung zurückverfolgt und bestraft werden könnte, sondern im Verhältnis zu unerreichbaren und abstrakten Instanzen, deren Regeln sie weder kennen noch verstehen. Der göttliche Ratschluß, der den Menschen in sein Verderben stößt, ist nicht logisch, und folglich ist der Konflikt, in dem Krieger und Frauen ihr Leben lassen, Resultat verworrener Empfindungen und instabiler Werte. Die Helden der Antike sind damit nicht Opfer schuldhafter Regelverstöße, sondern getrieben von Schamwut, gelähmt von Schamentsetzen und selbst im Tod noch Anlaß für neue Schamvergehen.

Erst in dieser angstmachenden Unlogik gewinnen die griechischen Dramen und Epen ihre anhaltende Faszination. Wären sie um Schlachten erweiterte Gerichtsreportagen, in denen eindeutige Regelverstöße sachlich geahndet werden würden, dann würde ihnen jeder Anreiz zu einer Jahrtausende fortwährenden Neudeutung fehlen. Denn Schuld drängt zum Bekenntnis und ist damit gesellschaftlich behandelbar, Scham aber kämpft um das Verbergen von Gründen und stiftet damit erst das komplexe Masken- und Versteckspiel, das den Intellekt herausfordert. Zwar hat sich die konstante Reinterpretation im Geist der eigenen Epoche zunehmend bemüht, das psychologische Bild menschlicher Tragödien zu klären und Motivationssystematik im destruktiven Sog des antiken Dramas zu entdecken. Das Thema der vernichtenden Scham als letztlich verschwommenes Gewaltmotiv bleibt aber auch den Neudichtern erhalten.

Racines »Phädra« zerstört den Menschen, den sie liebt, weil sie sich mit ihrem Begehren für den Sohn ihres Gatten so tief in ein Schamdilemma manövriert hat, daß ihr in blindem Selbstmitleid jedes Gespür für Gerechtigkeit verlorengeht. Kleists Palette des Errötens aus Scham und Zorn koloriert das Tragische in den Blutfarben bedrohter Sittsamkeit und führt über kommunikative Erschöpfung zum melancholischen Ergeben in die Schicksalhaftigkeit. Und zeitgenössische Reinterpretationen des Medea-Stoffes suchen entweder verstörende neue Bilder für die Haßkraft, die aus vollständiger Beschämung entsteht, wie es Heiner Müller in »Verkommenes Ufer Medeamaterial Landschaft mit Argonauten« vollzieht, oder finden im Stoff des Kindsmordes aus verletzten Ehrgefühlen neue unfaßbare Schreckenstaten, wie Tom Layone, der in »Mamma Medea« die irrationale Fatalität einer Ehekrise darin gipfeln läßt, daß Jason und Medea gemeinsam ihre Kinder meucheln.

Durch all die Jahrhunderte versagt die Scham als wirklich nachvollziehbares und entzauberndes Motiv. So spontan, unmittelbar, heftig und eindeutig die Scham sich zu äußern weiß, so dunkel, scheu, ausweichend und konturlos beschreibt sie die Kunstauffassung allen W-Fragen gegenüber, die diesem Gefühl mit der Problemlösungsmentalität eines Schammanagements kommen wollen. Als gelte es, die Erregungen der Schamgewalt als etwas Wertvolles zu schmücken und zu verteidigen, verschließen sich künstlerische Naturen der therapeutischen Idee – wobei diese Aussagen natürlich nicht allgemein gelten können, denn das kreative Wirken ist in seinen subjektiven Motiven viel zu verästelt, als daß einige ordnungsliebende Sätze darin eine haltbare Wahrheit isolieren könnten.

Feststellen läßt sich aber, daß erst die komplexe Mehrdeutigkeit des Schammotivs eine Erzählung zu dem Reichtum führt, den wir als aufregend, inspirierend und auf eine unerklärliche Weise als überlegen wahrnehmen gegenüber allen trockenen und aufrichtigen Versuchen, Scham zu erklären und damit eine Maßgabe für neues Verhalten zu gründen, das weniger Tote, weniger Tränen und weniger Trostarbeit erzeugt.

Dennoch führt die Kunst gerade in ihrem Verzicht auf konkrete Vorschläge für ein glücklicheres Leben ein Modell vor, das uns die Kraft verleihen kann, Irritation und Ambivalenz im Leben zu begrüßen. Damit gibt sie dem Verstand ein wesentliches Werkzeug an die Hand, multiperspektivisch zu denken und zu handeln.

Wenn wir akzeptieren, daß Souveränität weder im Staat noch in der Seele aus dem Zentrum erwächst, sondern nur in dem beweglichen Spiel aus Prinzip und Ausnahme, Gelassenheit und Aufregung, Urteil und Zweifel, Abstraktion und Leidenschaft, Nähe und Distanz ihre Eleganz gewinnt, dann ist die Kultur gerade in ihrer vordergründigen Unverständlichkeit eine wunderbare Schule des Glücks. Vor der Unschärferelation der Moderne, daß zunehmende Zielstrebigkeit nur zum Preis abnehmender Erfahrungsbreite zu haben ist, lehrt sie uns die Weisheit des Umwegs.

Erst der verschlungene Pfad, den wir einschlagen, wenn wir unseren intuitiven Entscheidungen ebenso trauen wie unseren sorgsam abgewogenen, führt uns von unterschiedlichen Perspektiven zu den Höhen und Tiefen des Lebens und läßt uns verstehen, daß unser Seelenfrieden nicht durch Zufall verwundbar ist, wenn wir die verschiedenen Seiten des Handelns bereits neugierig betrachtet hatten.

Die sorgsame Vermeidung von allem, was uns Schmerz und Unglück bringen könnte, wie es etwa die pessimistische und grunddistanzierte Heiterkeit Schopenhauers empfiehlt, hilft deswegen lebensbejahenden Temperamenten nicht aus dem warmen Bett fauler Kompromisse. Allein durch Kalkül und intellektuelle Abwägung ist das philosophische Glücksideal der Gemütsruhe, das von den Stoikern über Seneca und Schopenhauer bis zu den Sanyassin immer wieder neu als Hoffnung der Angestrengten und Verwirrten beschrieben wurde, nicht zu erreichen.

Erst wenn wir Scham erleben, gedemütigt und verlassen wurden, wenn wir Dinge getan haben, für die wir erröten, und Situationen durchgestanden haben, die wir am liebsten ungeschehen machen wollen, erst dann erhalten wir eine Empfindsamkeit und Aufmerksamkeit für die Zeichen der Schwäche, die uns im besten Fall dazu befähigt, zu einer Vernunft des Herzens zu finden.

Helden der Scham X
GIOVANNI GIACOMO CASANOVA

Sucht man im Rokoko, einer Zeit, die der unsrigen in vielen Punkten außerordentlich ähnlich ist, nach einem Vorbild für das moderne Lebensgefühl, dann findet man in Casanova einen Wunschkandidaten. Mobil wie der moderne City-Hopper, bereist er die schönsten Orte seiner Zeit und trifft dort die bedeutendsten Persönlichkeiten seiner Epoche. Er ist beruflich flexibel, arbeitet als Theatergeiger, Jurist, Falschspieler und Arzt. Als Kommunikationsgenie, das auf Frauen wie Männer wirkt, und als toleranter, weitschweifiger und kultivierter Geist interessiert er sich für Mode ebenso wie für Metaphysik. Vor allem aber hat Casanova das heute so schön betitelte Modell der »seriellen Monogamie« als Form des Lebensglücks vorgelebt, wenn auch vielleicht in Ausmaßen, die mit der aktuellen Vorstellung von Lebensabschnittsgefährten nicht völlig einhergehen würden. Im Prinzip ist Casanovas Kombination von Glamour und Bildung, Sex und Anstand, Abenteuer und Anpassungsfähigkeit, seine Freiheit und Unabhängigkeit genau das, was in den europäischen Mediendemokratien den Status eines Idealbürgers besitzt. Die öffentlichkeitsgewandte, konsumfreudige, interessante, selbständige und skandalumwitterte Persönlichkeit, die über Thomas Pynchon so entspannt plaudern kann wie über Justin Timberlake, auf der Mailänder Möbelmesse so zu Hause ist wie im Kanzleramt, wäre der perfekte Promi.

Allerdings würde der echte Giacomo in unserer Zeit vermutlich dennoch ziemlich verstört auftreten, denn entgegen seinem verbreiteten Ruf, der Inbegriff des geilen Bocks zu sein, besaß Casanova hohe Ideale von Diskretion und gutem Benehmen. Da die Quelle unseres Wissens über sein Leben vor allem seine umfangreiche Autobiographie ist, läßt sich natürlich nicht sicher sagen, ob Casanovas einfühlsamer und charmanter Umgang mit Frauen der Wirklichkeit entsprach oder die nachträgliche Bildniskorrektur eines Wüstlings zum Edelmann ist. Aber zumindest in der großen Erzählung, die er über sich geschaffen hat, zeigt sich Casanova als ein Mann, der ein hochempfindliches Organ für Schammomente besaß. Zum Ziel seiner zahlreichen Eroberungen kommt er gerade, indem er Verlegenheiten und Verletzungen vermeidet, das Schamgefühl ehrt und sehr genau erspürt, wann die Erlaubnis zur körperlichen Annäherung von seiten der Frau erfolgt. Casanovas Eitelkeit bezieht sich dabei weniger auf sein blendendes Aussehen, seinen schmucken Auftritt und die tollen Beziehungen, die er hat, als darauf, trotz Ausschweifungen und Anstiftung zum Ehebruch in den Augen der Frauen immer als Ehrenmann und Kavalier dazustehen. Sex nimmt er häufig als Dankbezeugung für sein edles und zuvorkommendes Verhalten entgegen, und sein Eroberungscharme fußt sicherlich nicht zuletzt auf dem Eindruck der Verschwiegenheit, den er auf die Damen machte. Das exzessive Zurschaustellen und der obszöne Gebärdenstolz der heutigen Zeit (obwohl im Rokoko auch nicht unbekannt) scheint Casanova so weit fremd gewesen zu sein, wie es nicht zur gewöhnlichen Sitte der Epoche gehörte. Seine seltene Gabe, ausschweifende Genüsse über kultiviertes Benehmen zu erreichen, unterscheidet ihn deswegen so sehr von der ordinären Promiskuität und Beliebigkeit unserer Zeit, daß man sich für die schamlosen Schön-Reich-und-Berühmten und Kurzzeitprominenten manchmal die Zwangsverpflichtung für einen Casanova-Lehrgang wünscht.

Das Vorläufige ist das Gute

Richtiges Handeln basiert in der Regel auf Dingen, die jeder weiß. Eine Wohnung ist schöner, wenn sie einen Balkon hat. Eine freundliche Antwort ist netter als eine pampige. Vier Bier zum Frühstück sind vier zu viel. Zorn ist ein schlechter Berater. Überraschend ist eigentlich eher, wie wir die Komplexität unseres Zusammenlebens dadurch permanent erhöhen, daß wir Dinge tun, die wir schon im Handeln als falsch, schadhaft, egoistisch, unfreundlich, verletzend und selbstverletzend, herrisch oder dumm bemerken, und uns im nachhinein Strategien überlegen, wie der entstandene Schaden wieder zu reparieren oder wenigstens einzudämmen ist. Ganz offensichtlich haben alle Formen schlichter Gebote, scharfer Gesetze, kluger Ermahnungen und herzlicher Zuwendung in dem Ziel versagt, eine Weisheit des Richtigen zu etablieren. Betrachtet man die Fehlerhaftigkeit des Menschen nicht als Voraussetzung für sein Glück, dann müßte man über diese Absurdität verzweifeln.

Doch zeigt es sich, warum das schöne Ideal von Frieden (im Staatlichen) und Gemütsruhe (im Persönlichen) immer sowohl ein unerreichbares Ziel wie eine lohnende Aufgabe bleiben wird, wenn man das Leben als Konfliktgeschichte versteht. Schon in den kleinsten Lebensentscheidungen haben wir es mit konkurrierenden Ansprüchen zu tun, die die reine Handlungstugend untersagen. Gerade in einer Gesellschaft rapide anwachsender Möglichkeiten (deren Heterogenität allerdings häufig mehr eine Fata Morgana klugen Marketings als Resultat wahrnehmbarer Qualitäten ist) unterliegen auch die zwischenmenschlichen Verträge einem steigenden Konkurrenzdruck bei sinkender Bindungsleistung.

Längst haben sich flüchtige Gründe wie Sehnsucht, Langeweile, Neugier, persönlicher Freiheitssinn, Lust, Gier, Genuß oder Mode als selbstverständliche persönliche Entscheidungsgründe neben ewigen Werten etabliert und erscheinen uns weit weniger verzichtbar als Vernunft, Treue, Verantwortung, Tugend, Glaubwürdigkeit, Ernst, Schicksalsergebenheit, Verläßlichkeit und Loyalität. Um die Begleiterscheinungen dieser losen Bindungen im Sinne der ökonomischen Leistungskraft zu mildern, hat die Gesellschaft hilfreiche Agenturen etabliert: Kindergärten, Altenpflege, Sozialhilfe, Scheidungsrecht, Versicherungen, Therapien und verschiedenste Rechtfertigungssysteme für das schlechte Gewissen vom Ratgebertaschenbuch bis zur medialen Vorbilderzeugung.

Doch mit diesem breitgefächerten Angebot an Entscheidungskrücken wird die Bewertung von richtigem und falschem Verhalten ein ziemlich flexibles Moralwesen mit sehr weichen Kategorien und zahlreichen Alternativlösungen. Was in einem relativ geschlossenen moralischen Gebäude wie dem feudal-christlichen Gehorsamsstaat zumindest theoretisch noch ganz einfach erschien, sich nämlich konform zu universellen Werten zu verhalten, will uns heute einfach nicht mehr weiterhelfen. Der Anspruch an die individuelle Selbstbestimmung, die der Daseinskampf ökonomisch-psychologischer Konkurrenten fordert, läßt verbindliche Werte nicht zu. Nur dann entwickelt unsere Gesellschaft ihre Dynamik im Sinne des Wachstums, wenn man den Wettbewerbern immer neue Argumente zugesteht, wie sie ihre Vorteilssuche legitimieren können. Die wilde Treibjagd nach dem persönlichen Nutzen gibt es allerdings um den Preis eines sittlichen Orientierungsverlustes.

Mit dem Versanden verbindlicher Werte in individuellen Lebensentscheidungen müßte der Schamdruck der

Gesellschaft und ihrer Individuen allerdings abnehmen. Denn Scham meldet sich nur bei der Verletzung gesicherter und verinnerlichter Normen. Ist Nacktheit im Park so selbstverständlich wie Bekleidung, sind neue Partner so gut wie alte, ist Lügen erwünscht, wo Wahrheit verletzt, dann findet der Rohrstock verinnerlichter Sittsamkeit kein Ziel mehr. »Ja-aber« und »Sowohl-als-auch«, die neuen Denkarten, mit denen wir unsere Welt zunehmend erfolgreicher gestalten als mit »Entweder-oder«, erzeugen logischerweise kaum noch gültige Regeln, deren Übertreten das Schamgefühl mit Erröten, Bauchschmerz, Beklemmung und Angst beantworten könnte.

Heiraten ist so alltäglich wie Scheiden, Ehebruch ein Kavaliersdelikt (jedenfalls in der Betrachtung Unbeteiligter), Egoismus bei Erfolg ist wohlgelitten und bewundert, wogegen Solidarität in Armut, Glauben und Entsagung eher als persönliche Grille betrachtet wird. Am Ende zahlreicher gesellschaftlicher Rebellionen gegen beengende und erstickende geistige Zustände akzeptiert die Gesellschaft kiffende Landkommunen und schwule Bürgermeister, Linkshänder und Pornokanäle, schwarze Nationalspieler und tief dekolletierte Kanzlerinnen, Intim-Piercing und Frauen im Beruf.

Das meiste, was von den moralischen Konflikten zwischen Anstand und Selbstverwirklichung, zwischen Staatshygiene und Menschlichkeit heute noch übrig ist, unterliegt – zumindest in Westeuropa – hartnäckigen Diskussionen. Kein Thema entgeht der öffentlichen Diskursmaschine, keine Differenzierung, die nicht zumindest in Buchform und kleinen Zirkeln abgehandelt wird. Unumstößliche gesellschaftliche Tabus lassen sich nach dieser ausufernden Relativierung von Werten mittlerweile an einer Hand abzählen. Bereits Verrat, Gewalt, Betrug, Krieg und Kriminalität sind keine Themen mehr, über die nicht in halbwegs unbefangener Diskussion als komplexe Phänomene mit unterschiedlich zu bewertenden Aspekten gesprochen wird. Diese Methode des unermüdlichen Redens hat unsere Gesellschaft entspannt.

Multiperspektivisches Denken verwurzelte sich in den letzten Jahrzehnten still und leise im Bewußtsein. Vertreter des Satzes »Ich sag jetzt mal, wie es wirklich ist« taugen nur noch zu Witzfiguren oder temporär erfolgreichen Lautsprechern der Fremdenfeindlichkeit. Und das Bemühen, bei Entscheidungen längerfristige Konsequenzen zu bedenken und in Programme die Möglichkeit einzubauen, auf sich ändernde Umstände flexibel zu reagieren, zeugt auch von der Einsicht, daß sichere Überzeugungen eher zu Katastrophen als zu Lösungen führen.

Das entlastet vermutlich den Schamdruck tatsächlich. Denn diese Art des Denkens erlaubt es, dem gleichen Sachverhalt unterschiedliche Bewertungen zukommen zu lassen, wodurch er in seiner Vehemenz geschwächt und in seiner Schamanfälligkeit behindert wird. Das Denken in Alternativen und Möglichkeiten schützt gegen Verwundbarkeit.

Heute aufwachsende Jugendliche wissen, daß sie im Leben mehrere Sexual- und Lebenspartner haben werden. Das verringert vermutlich die Demütigung des Verlassenwerdens bei allem besonderen Schmerz ins Episodische und schenkt Mädchen zudem die selbstverständliche Einsicht, daß sie für die eigene ökonomische Unabhängigkeit sorgen müssen, damit sie weniger leicht in die beschämende finanzielle Abhängigkeit der alten bürgerlichen Ehegemeinschaft geraten. Die vielfältigen Erfahrungen unterschiedlicher Lieben, die den Menschen heute in seinem Leben erwarten, können aber nicht nur Trennungen in größerer Gelassenheit ablaufen lassen, sondern erlauben es auch, sich immer wieder neu auszuprobieren, Zwangsverhalten abzuschleifen, die Vorwurfsmühle routinierter Zweisamkeit für einen Neustart zu verlassen, kurz: weniger Schutz und mehr Offenheit zu wagen.

Die skeptische Bewertung von Eindeutigkeit und klarer Ordnung ist heute spürbar weiter verbreitet als noch vor vierzig Jahren (was der Zeitraum ist, den ich persönlich beurteilen kann). Das fördert unsere soziale Kompetenz, die durch nichts stärker verstellt wird als durch unflexible Lebensregeln. In der Kindererziehung wie bei der beruflichen Entfaltung führt kreisende Zielstrebigkeit und entspanntes Zutrauen in die Selbstbestimmungskraft des Menschen sowie ein ironisches Verhältnis zur eigenen Fehlbarkeit garantiert eher zur heiteren Seelenruhe als der emotionale Busineßplan.

Konkurrenz der Selbstachtung

Doch die gewisse Leichtigkeit, mit der sich heute eine schamfreie Sexualität ausleben läßt, die gelockerte Treue gegenüber Arbeitgebern, Parteien und der Familie, die Unbekümmertheit, mit der Kinder ohne die Qual schulischer Disziplinierungsmaschinerien aufwachsen, die Fähigkeit, Fehler einzugestehen, ohne dafür degradiert zu werden, die Offenheit, mit der Beziehungen geführt und Konflikte ausgetragen werden können, ohne daß Demutskontrolle männliche Vorherrschaft fundamentiert, all die offensichtlichen Befreiungen von Schamängsten durch faire Verfahren, die das Leben heute in der Breite so viel besser, freier und glücklicher gemacht haben, erzeugen dennoch neue Schamprobleme. Denn was von dem Individuum heute in weit umfangreicherem Maße gefordert wird als in einem stärker regulierten Gesellschaftssystem, ist die persönliche Abwägungsleistung.

Woran leide ich mehr, die Frau zu verlassen oder an quälender Sehnsucht und Unzufriedenheit? Vernachlässige ich eher mein Kind oder meine Karriere? Erlaube ich mir offene Worte oder vermeide ich lieber eine Verletzung? Wage ich den Sprung ins kalte Wasser oder ist es vernünftiger, Risiko zu vermeiden? Ertrage ich die Zumutungen anderer Menschen oder mache ich mich damit nicht eher zum Feigling? Folge ich meinem Herzen oder der Vernunft? Jede Form substantieller Entscheidungen, von denen wir heute weit mehr zu leisten haben als in den Zeiten von Ehen, die erst der Tod scheidet, und Arbeitsverträgen auf Lebenszeit, stehen unter der enormen Schamspannung, Fehler zu machen, Zuneigung zu verlieren, den eigenen Ansprüchen nicht zu genügen.

Diese Konflikte des ständigen Vergleichens, die mit der

zunehmenden Deregulierung des Alltagslebens weiter ansteigen werden, sind zweifelsohne nicht neu. Schon Seneca hat seine Abhandlung über die Gemütsruhe an einen Freund adressiert, der zwischen den Polen von tugendhaften Erkenntnissen und lustvollen Verlockungen, gewünschter Askese und gelebtem Luxus in totaler Selbstbeschämung zu erstarren drohte. Aber dessen Ausgangslage stellt sich im Verhältnis zu einem heutigen urbanen Leben als berufstätiger Vater, Liebhaber, Freund und Experte mit Gewissenskonflikten zwischen Ökologie und Fernreisen, Bierbauch und Fitneßideal, Gemeinschaftsverantwortung und Selbstverwirklichungsanspruch als geradezu putzig dar.

Die Angst zu versagen, zwischen vielfältigen Idealen und selbstformulierten Ansprüchen zerrieben zu werden, produziert jene extrem hohe Gewissensnot, die sich in den zahlreichen seelischen Erschöpfungszuständen bemerkbar machen kann, denen man täglich begegnet. Das Requiem auf die lebendige Schamfreiheit, die medial so opulent inszeniert wird, ist komponiert aus stillen Seufzern und Tränen einsamer Singles, dem Chor therapeutischer Sprechstunden, alkoholischem Lallen und Koksgeschnatter, bulimischem Kotzen und schlaflosem Hin-und-Her-Wälzen.

Die Charakterwaage

Doch auch wenn die elaborierte Selbstzermürbung zwischen dem alten Rom und dem neuen Babylon an Komplexität extrem zugenommen haben mag, sind Senecas ausführliche Antworten auf den quälenden Zwiespalt der Gewissensnot auch eine Antwort auf den Streß im Freizeitkapitalismus.

Zunächst weist Seneca den Hilfesuchenden darauf hin, daß sein Anliegen etwas »Großes, Erhabenes, Gottgleiches« sei, nämlich der Wunsch, »nicht aus dem Gleichgewicht« zu kommen. Damit weist er gleich in den ersten Sätzen auf das Ziel aller Schamberuhigung hin, die sich mit der fragilen Statik von Wunsch und Wille abquält. Der Zustand innerer Ausgeglichenheit, der von nichts so konsequent in Alarm versetzt wird wie von schlechtem Gewissen, Schuldgefühlen, monoton erinnerten Kränkungen, verletzten Ehrbegriffen, traumatischen Erinnerungen, Versagensangst, Zurückweisungsschmerz, peinlichen Eingeständnissen, also dem ganzen Arsenal der störrischen Scham, ist laut Seneca eine Art seelischer Balancesportart, in der man ohne lebenslange Übung keine Fertigkeit gewinnt.

Ziel von Senecas Drahtseilakt ist dabei keineswegs die Schopenhauersche Glücksvermeidung zum Zwecke abgeschiedener Selbstliebe als vielmehr eine doppelte Bewältigungsstrategie der Unzufriedenheit, die zwei Ursachen haben kann: den »Mangel an Selbstbeherrschung« oder »Begierden ohne Entschlossenheit«. Kluge Lebensführung entwickelt sich, laut Seneca, aus der Kunst, uns selbst richtig zu beurteilen und dann zu unterscheiden, wann wir unserem Verlangen »gebieten« und wann wir ihm »gehorchen« sollen. Weder in der stoischen Entsagung aller weltlichen Dinge noch im energischen Verfolgen gesellschaftlicher

Anerkennung allein sieht Seneca die vollendete Lebensführung erreicht, sondern in der Kunst der gelassenen und realistischen Abwägung. Im Wissen, was für den einzelnen wann gut ist und nicht in einer gradlinigen Idee von Leben erkennt Seneca die Prävention von destruktiver Unzufriedenheit.

Denn versagen wir uns der Genüsse und Leidenschaften, nach denen unser Herz unbedingt verlangt, wird das Leben »unerträglich« und der Mensch »sich selbst zur Last«. Zudem »schämt man sich, den Grund der Verstimmung einzugestehen, das Schamgefühl ist eine innerliche Folter, und die Leidenschaften, die sich nicht austoben können, würgen gleichsam sich selbst ab«. Verfolgen wir aber Ziele, für die uns die Talente fehlen, dann stürzen wir wiederum in Scham und Gram.

Wenn »das Unternehmen nicht gelingt oder wenn man sich des Erfolgs schämen muß, so ist es betrübend«, sagt Seneca in seiner weichen, väterlichen Art und warnt anschließend vor jeder Form von Übermut, Selbstüberschätzung und falschem Ehrgeiz. Wer brennt, soll rennen, aber alle anderen achten bitte darauf, daß sie »nicht Unerreichbares begehren oder etwas, das uns zu spät zu unserer großen Beschämung zeigt, wie nichtig unsere Wünsche waren«.

Deswegen empfiehlt Seneca in den meisten Lebensbereichen Mäßigung, Zurücknahme, Bescheidenheit, um sich vor Enttäuschungen zu schützen. Erwarte ich von anderen und mir selbst nichts Übersteigertes wie ewige Treue und Aufrichtigkeit, bedingungslose Solidarität und ausschließliche Lobreden, lebenslange Unterstützung und Beistand bis in den Tod, sondern erwäge ich in allem menschlichen Umgang auch die Schattenseiten, Zwangslagen, Fehler und traurigen Zwischenfälle, das Zerstörerische und Gemeine, ziehe ich also grundsätzlich in Betracht, daß

Liebe vergehen, Aufmerksamkeit und Interesse verblassen mag, daß Menschen aus inneren und äußeren Umständen respekt- und rücksichtslos werden können, daß wir alle sterben müssen und »was einen treffen kann, jeden treffen kann«, dann stärkt das unser Vertrauen in die Menschen verläßlich und dauerhaft und Enttäuschungen verwandeln ihren Charakter. Entweder geben sie sich als Wendungen zu erkennen, die etwas Neues bewirken werden, oder sie stellen etwas Unabänderliches dar, über das es sich nicht zu grämen lohnt.

»Nichts ist so herb, daß nicht ein gelassenes Gemüt einen Trost fände«, weiß Seneca, und dieses gelassene Gemüt ist weniger eine Frage des Temperaments als der Übung.

Allerdings sieht Seneca in der Tradition von Plato und Aristoteles erst im Rausch und im Risiko den Keim des Besonderen und Begeisternden aufgehen: »Nichts Erhabenes, Hohes wird erreicht, solange man ganz bei sich ist. Man muß von dem gewohnten Wege abgehen, sich aufschwingen, in die Zügel beißen, den, der leiten will, mit fortreißen und ihn dahin tragen, wohin er allein sich zu versteigen nicht gewagt hätte.«

Damit formuliert Seneca die künstlerische Lebensweise einer rücksichtslos sich selbst vertrauenden Instinktperson als einen Pol ausgeglichener Fröhlichkeit. Allerdings nicht, ohne die Warnung energisch mahnend hinzuzufügen, daß Hohes rar ist.

Die klaffende Lücke zwischen Anspruch und Wirklichkeit, in der sich zu verlieren dem Menschen die größte Unruhe verursacht, gilt es nach Seneca also auf zwei Wegen zu schließen: Verändere die Wirklichkeit energisch in Richtung auf deine hohen Ziele, wenn du die Kraft und Zielstrebigkeit dazu bei dir findest. Ansonsten schraube deine Ansprüche auf ein Maß zurück, das dir die entspannende Gewißheit verleiht, deine Wünsche mit geringem

Aufwand zu erreichen. Mit Hilfe der Genügsamkeit verwandelt sich Armut in Reichtum, verspricht der Philosoph. Und obwohl er persönlich die Praxistauglichkeit seiner Ideen am Beispiel seines Schülers Nero kraß widerlegt bekam, weisen seine Ratschläge weniger pathologischen Gegenwartsmenschen durchaus einen Weg, wie man mit der modernen Schamangst dauernder Abwägung zurechtkommen kann.

Entledigt man sich falscher Ideale über das Eindeutige, Perfekte, Richtige und mißtraut der öffentlichen Vorstellung, wonach andere alles besser können, bewahrt man sich auch in der Niederlage das Bewußtsein, daß »der Teil, der dir übrigbleibt, immer größer sein wird als der, der dir verschlossen ist«. Übt man sich darin, alles, was kommen kann, vorauszudenken, also Skepsis als Lebensprinzip anzunehmen, dann quält man sich auch nicht mit »vergeblichen Selbsterniedrigungen«.

Statt dessen schwächt die vorausdenkende Vorsicht »den Aufprall allen Übels« und man gewinnt einen Blick dafür, daß die meisten »Quellen des Verdrusses« daraus entspringen, daß man »sich nicht gegen jedermann gibt, wie man ist«. Jede Form übertriebener Selbstkonstruktion mit dem Ziel, für andere etwas darzustellen, was man als deren Wunsch und Anspruch vermutet, produziert ein Heer neuer Schamängste und lebensferner Entscheidungen, die das Leben vergällen, die Unzufriedenheit erhöhen und im schlimmsten Fall Körper und Seele ruinieren. Denn wie Seneca es treffend ausdrückt: »Das Leben unter einer Maske ist weder angenehm noch sicher.«

Es ist allerdings nicht ganz leicht und tatsächlich auch überhaupt nicht sinnvoll, das vielfältige Angebot an Masken, Posen, Gesten und ausgeschmückten Biographien konsequent abzulehnen, das unsere Gesellschaft uns zum reibungslosen Funktionieren anbietet. Nicht nur führen die totale Verweigerung von Verstellung und das radikale Selbst-sein-Wollen in der Regel ins Esoterische und Sektiererische, ist Anpassung zudem ein evolutionäres Prinzip, das es gar nicht verächtlich zu machen gilt, und brauchen die meisten Menschen in einer komplexen Gesellschaft naturgemäß einige Jahrzehnte, um auch nur annäherungsweise die innere Gelassenheit zu finden, die ihnen die Kombination aus Verläßlichkeit im Wesen und Spontaneität beim Entscheiden erlaubt, die Senecas seelisches »Gleichgewicht« meint. Das Spiel mit Masken, Gesten, Posen und selbsterfundenen Biographien hat auch einen ungeheuer positiven Einfluß auf die Lernleistungen der Seele.

Nicht das Beharren auf ein wahres Wesen führt zur menschlichen Größe, sondern die Unbefangenheit, sein Wesen spielerisch auszuprobieren. Drei Schauplätze, auf denen die Scham als Regisseur an unserer gesellschaftlichen und persönlichen Reife arbeitet, sind das Ritual, die Verkleidung und der Humor.

Helden der Scham XI
CHARLIE CHAPLIN

Bis auf kleine Kinder, die oft Angst vor ihm haben, wird Charlie Chaplin – zumindest als Künstler – von allen Menschen geliebt. Als nach dem Ende des Taliban-Regimes in Afghanistan ein erstes rollendes Zeltkino von Kabul aus in die entlegenen Provinzen fuhr, wo es weder Fernsehen noch eine Vorstellung von westlicher Kultur gab, zeigte man dort Chaplin-Filme und reizte damit jung und alt zu teilweise hysterischem Gelächter. Diese Wahl machte nicht nur deswegen Sinn, weil Chaplin der größte Komiker aller Zeiten ist, sondern weil seine Filme den Menschen Wege aus der Scham zeigen. In einem Land, wo die Menschen durch Krieg, Steinzeitislam, Armut und Hilflosigkeit in der konstanten Empfindung von Erniedrigung und fehlenden Persönlichkeitsrechten leben, ist Chaplins groteske Umstülpung von Demütigung in Witz ein seelischer Befreiungsschlag. Der schmutzige, bankrotte Tramp, der mit herzlich naivem Blick auch die beschämendsten Momente ins Komische übertreibt, schenkt den Zuschauern damit ein Gefühl von Stolz im Trotzdem.

Das Universelle in Chaplins Stummfilmen ist die Alltäglichkeit der Sorgen, die er mit Slapstick und Dackelblick meistert. Hunger, Arbeitslosigkeit, fehlendes praktisches Vermögen, Einsamkeit oder Pech sind Dinge, die unabhängig vom kulturellen Zusammenhang als demütigend verständlich sind. Chaplins extrem unmännliche Lösung, die Probleme nicht mit Vernunft und Tatkraft anzugehen, sondern in der totalen Vervielfältigung des Schammoments letztendlich doch zu triumphieren, führt zu der explosiven Erleichterung im Lachen, die im Staub des Hindukusch so gut funktioniert wie im deutschen Pantoffelkino, weil sie den Gefühlen von Schwäche Respekt zollt.

Im »Großen Diktator« wendet Chaplin dieses Prinzip um auf ein System, das jede Scham als Schwäche radikal zu verbergen versuchte und genau dadurch so groteske Züge bekam, daß nur sehr wenige Umdrehungen nötig waren, um den absurden Wahn des Nationalsozialismus komplett der Lächerlichkeit preiszugeben. Hier schmiedet Chaplin Scham zur Waffe, denn einem Mann, der besessen ist von Weltruhm und totaler Mission, mit seinen eigenen Gesten die große Peinlichkeit dieses Gebarens und seiner Ideologie vorzuführen, ist die Höchststrafe für Größenwahn. Sein phonetisches »Schnitzel-und-Sauerkraut«-Deutsch, seine den Wochenschauen abstudierten zackigen Hitler-Gesten, die er zum höhnischen Zappelballett steigert, sein schwules Tänzchen mit der Weltkugel oder das hysterische Argumentations- und Essensduell mit Mussolini demaskieren den rhetorischen Panzer als armselige Traumsequenz einer gestörten Pubertätsphantasie. Selten wurde die Nähe des politischen Theaters zur Schamangst, der Zusammenhang von gespielter Seriosität und empfundener Lächerlichkeit so präzise hergestellt wie in Chaplins Meisterwerk. Der Humor löst die Angst vor der Drohgebärde in Lachtränen auf und lehrt den Zuschauer auf die schönste Art, egomanischer Autorität den Respekt zu versagen.

Der Segen der Froschperspektive

Ein bereits etwas in die Jahre gekommener Nationenwitz geht wie folgt: Worin unterscheiden sich Himmel und Hölle? Antwort: Im Himmel kochen die Franzosen, die Italiener sind die Liebhaber, die Engländer sorgen für den Humor und die Deutschen organisieren das alles. Und die Hölle? In der Hölle kochen die Engländer, die Deutschen sind die Liebhaber, die Franzosen sind für den Spaß zuständig und die Italiener organisieren es.

Auch wenn italienische Züge heutzutage pünktlicher sind als deutsche, der Brite Jamie Oliver ein internationaler Starkoch ist und der Fußballclown Franck Ribéry als Beispiel gelten mag, daß es auch nach Jacques Tati und Louis de Funès Komiker in Frankreich gibt, wenn also all diese Stereotypen relativ und wandelbar sind, ist dieser Witz dennoch bezeichnend für die Fähigkeit des Humors, als Ventil gegen Schamdruck zu helfen. Denn Nationen wie Menschen schämen sich ihrer Unzulänglichkeiten. Der Witz bietet ihnen die Möglichkeit, sich von der belastenden Empfindung in einem offensiven Akt zu befreien. Man kann fast alle Varianten des Humors betrachten, der Ausgangspunkt des Lachens ist eine Situation von Schamerfahrung, die mit einer überraschenden Wendung gleichzeitig bekannt und ihrer negativen Wertung beraubt wird.

Das gilt in sehr simpler Form schon für Blondinen-, Arzt- oder Herrenwitze. »Sprechen Sie bitte langsam, ich bin blond« bringt die Komik der selbstironischen Schamentblößung auf einfachste Weise in ein knappes Witzformat. Dieser Trick funktioniert auch auf jedem anderen Niveau. Eine Expedition in den zeitgenössischen Fernsehhumor von Harald Schmidt über Stefan Raab bis zu den inflationär verschlissenen Kurzzeitstars der abendlichen Witzproduktion macht schnell klar, daß es kaum einen Scherz gibt, dessen Basis nicht peinlicher Natur wäre. Scham über das dumme und eitle Verhalten von irgendwelchen Halbprominenten und Castingshow-Teilnehmern, über das Auftreten von Politikern und offensichtliche Doppelmoral, über Menschen, die ihre Selbstbeherrschung verlieren oder sich maßlos selbst überschätzen – das Ziel des erfolgreichen Witzes ist mit erstaunlicher Eintönigkeit die Situation, die Verlegenheit produziert. Wobei die Würde des Humors im direkten Verhältnis zur selbstironischen Anteilnahme steht. Reine Häme wirkt immer plump. Der überzeugendste Komiker ist der, der über sich selbst stellvertretend für alle lacht.

Michael Palin, Mitglied der berühmten britischen Komikertruppe »Monty Python«, beschreibt diesen Mechanismus, wenn er über die Qualifikation seiner Nation für den Humor spricht. Vieles, was das Königreich Großbritannien in seiner Alltagskultur auffahre, sei überaus beschämend, sagt Palin, aber andererseits sei dies »Teil unseres weltweit einzigartigen und zu Recht vielfach preisgekrönten Humors«. Dieser basiere »immer schon auf Demütigung – darauf, eine Niederlage zu erwarten, sich mental rechtzeitig auf sie vorzubereiten und dann Pointen parat zu haben, um sich totzulachen«. Inzwischen sei es »Teil der britischen DNS, zu scheitern, mit voller Hose dazustehen, aber relativ gute Witze darüber zu machen«. Die endlose Rotation dieser Humorerzeugung geht laut Palin, der von sich selbst sagt, daß es keinen »englischeren Menschen« als ihn gibt, wie folgt: »Übermut, Schande, Selbsthaß, Komik – und dann wieder Übermut.«

Nun könnte man gehässig anmerken, dieser Kreislauf ließe sich sehr einfach durchbrechen, wenn der Brite bereit wäre, aus seinen Fehlern zu lernen. Aber eine solch humorlose Einstellung verbaut nur den Zugang zur Fähigkeit, sich selbst heilsam bloßzustellen. Menschen, die sich nicht über die Maßen ernst nehmen, die sich anbahnende Verlegenheiten bereits im Vorfeld ausbügeln, indem sie amüsiert, ungefragt und schlagfertig ihre eigenen Fehler, ihre Position, ihr Auftreten kommentieren, also Leute, die so frei sind, daß man sie nicht beleidigen kann, da sie ihre Schwächen und Mängel mit Pointen krönen können, wirken auf andere Menschen glücklich und gefestigt. Ängstliche Menschen verbergen ihre Fehler, souveräne spielen damit.

Da es natürlich auch sehr unangenehme Formen von Humor gibt – gehässigen, verachtenden und rassistischen Humor – sowie Menschen, die sich selbst total clownifizieren, damit man die Traurigkeit hinter ihrer dauernden Blödelei nicht bemerkt, markiert Witz sicherlich nicht automatisch die Pensionsgrenze der Scham. Aber zumindest gelassenes selbstironisches Auftreten zeugt davon, daß eine Person sich über die Binnenperspektive hinaus auch mit den Augen anderer sehen kann. Humor existiert ohne reflektierende Einfühlsamkeit nicht. Nicht umsonst sagt man über notorisch humorlose Menschen, daß sie zum Lachen in den Keller gehen. Witz ist immer ein Gemeinschaftsprojekt und stärkt unsere soziale Kompetenz.

Die schamhaft Verstockten erscheinen dagegen auch als die Einsamen. Vermutlich, weil sie dauernd mit ihrem Schicksal hadern. Schuldgefühle, etwas falsch gemacht zu haben oder falsch zu machen, einen Makel oder einen Fehler zu besitzen, entkrampfen sich aber ziemlich zuverlässig durch das Lachen in Gemeinschaft. Das Schämen verliert seine Dramatik im Erkennen, daß alle die Beschämung verstehen, denn sonst könnten sie sich nicht darüber amüsieren. Es kann also nicht so schlimm sein, womit ich mich selbst die ganze Zeit herumplage.

Nur verborgen quält die Scham. Wer sich mit Lachen

über die eigene Unvollkommenheit selbst entgrenzt, der verschafft sich damit mehr innere Ruhe und freundliche Aufmerksamkeit, als es der humorlose Unsympath jemals erreichen kann. Dieser mag vielleicht darauf insistieren, daß man ernsthafte Dinge wie Ängste besser ernsthaft behandeln sollte, und damit hat er im Sinne des therapeutischen Leistungskatalogs sicherlich vollkommen recht. Aber Humor bietet zumindest für die leichten Fälle von schamhafter Verkniffenheit den großen Vorteil, daß der Witz uns das Gefühl gibt, Probleme müssen keinen Bestand haben. In seiner Flüchtigkeit liegt sein Triumph. Sobald wir über den Anlaß einer Beschämung lachen können, verliert diese an Gewicht – Lachen befreit und macht damit auf eine schöne Weise klug. Oder wie es Lessing sagt: »Das Lachen hält uns vernünftiger als der Verdruß.«

Freude über das Scheitern und die Mißgeschicke anderer ist deshalb nicht unbedingt eine abwehrende, schadenfrohe Art, sondern ein spielerischer Lernvorgang, um neue Formen sozialen Umgangs einzuüben. Denn wenn man sich beobachtet, bemerkt man vermutlich, daß man über Themen, zu denen man keine schamhafte Verwandtschaft spürt, auch nicht lachen kann. Dort, wo man mitlacht, beteiligt man sich am gesellschaftlichen Diskussionsprozeß über angemessenes Verhalten – und damit dient der Humor dem viel edleren Ernst.

König und Narr als Schamduett

Personen oder Institutionen, die sich in der Würde ihrer Aufgabe die Satire qua Amt verbieten, provozieren damit eigentlich immer oppositionellen Witz. Da herrschaftliches Auftreten in seinem lebensfremden und predigenden Formalismus immer etwas Lächerliches besitzt, sind »Führerwitze« das Amen jeder Führung. Abgesehen von ganz verbiesterten und psychopathischen Diktaturen neigen deswegen eigentlich alle Autoritäten dazu, den satirischen Spiegel ihres Verhaltens unter gewissen Spielregeln zu tolerieren oder sogar gutzuheißen. Der Hofnarr ist dann so etwas wie die outgesourcte Selbstkontrolle. Aus seinen Scherzen und Übertreibungen lernt der kluge Herrscher seine Grenzen kennen. So wurde Aristophanes zum Seelenarzt Athens, Molière zum Sparringspartner des französischen Hoflebens und Harald Schmidt zum Puck der deutschen Demokratie. Umgekehrt überleben humorlose Diktatoren wie Adolf Hitler, Nicolae Ceaușescu oder König Bokassa, die ihren Größenwahn todernst zelebrierten, im öffentlichen Bewußtsein am Ende oft als Witzfiguren.

Der Spott schafft also eine verkehrte Welt, stellt die Herrschaftspyramide auf den Kopf und stabilisiert sie dadurch paradoxerweise. Denn der Witz durchdringt den Nebel der Verlegenheit, den jede Herrschaftsperson um sich verbreitet, und stützt mit Kritik seine Entscheidungen. Schließlich ist es nicht zuerst die Furcht vor physischer Strafe, die Höflinge davon abgehalten hat, Königen ihre Meinung direkt ins Gesicht zu sagen, Gemeindemitglieder vor der offenkundigen Geilheit ihres Pfarrers den Mund verschließt, Minister über die abgekauten Fingernägel des Regierungschefs hinwegsehen läßt oder Angestellte davon abhält, die Alkoholfahne ihres Chefs offen anzusprechen.

Es ist so peinlich, Anstandsregeln zu übertreten und öffentliche Personen zu brüskieren, daß sie in der Regel aus Gründen der Schamangst nie erfahren, was man wirklich über sie denkt.

Hier helfen Rituale der Rebellion, wie sie Gesellschaften entwickeln, die mit der stabilisierenden Kraft von zeitweiser Anarchie gute Erfahrungen gemacht haben. In begrenztem zeitlichem Rahmen ist es der Bevölkerung erlaubt, schamlos Herrscher, Adel und Kirche zu verspotten, ja sogar für einige Tage die Position der höchsten Gewalt selbst zu besetzen, um in der Parodie von Herrschaft zu neuer sozialer Balance zu finden. Der König wird entkleidet, seiner Machtsymbole beraubt, verspottet, bespuckt und ausgelacht, manchmal sogar geschlagen.

In zahlreichen afrikanischen Kulturen existierten diese oft ekstatischen Bräuche in Form festgelegter Feste. Die Thesmophorien Griechenlands, an denen die Hausfrauen für drei Tage den Takt des Ritus und des Lebens bestimmten, gehören ebenso zu diesen Ritualen wie die Saturnalien Roms, an denen die Herren die Sklaven bedienten und auch sonst vieles kopfstand und aus denen sich der Karneval entwickelt hat.

Zwar hat sich beim Karneval im Zuge des gesteigerten Angebots an Triebabfuhren der rebellische Anteil in ein leeres Ritual schaler Witzchen und alkoholischer Enthemmung verflüchtigt – aber die Grundzüge einer verkehrten Welt sind noch erkennbar. Politiker lauschen Büttenreden, der Karnevalsprinz übernimmt die »Herrschaft« in der fünften Jahreszeit, Umzugswagen zeigen Respektspersonen in anzüglichen Posen, und Chefs und Beamte werden um einen kürzer gemacht – allerdings nur um eine Krawatte.

Helden der Scham XII
HIERONYMUS BOSCH

Obwohl der flämische Maler heute allgemein als skurriler Star für das Posterfach neben Hundertwasser, Klimt und Dalí konsumiert wird, ist das Werk von Jeroen Anthonizoon van Aken, der sich nach seiner Heimatstadt 's-Hertogenbosch Hieronymus Bosch nannte, zu schade für dekorative Bewunderung. An der Grenze vom Mittelalter zur Neuzeit schuf Bosch die vielleicht umfangreichste Erzählung zum Thema Scham der Kunstgeschichte. Nicht einfach als Ankläger verlotterter Sitten, einer bigotten Kirche und einer Gesellschaft, in der christliche Tugend nur noch wenig galt, trat Bosch auf, sondern seine unzähligen Variationen des Sündenthemas in schrillen Symbolen und Alpträumen zeigen vielmehr die Ambivalenz des Schamgefühls, das erst im Zusammenspiel von Abwehr und Faszination auftritt.

Die verkommene Welt, die Bosch als großformatigen Wimmelkosmos aus Mischwesen anlegte, diente zwar vordringlich dazu, das Böse des Menschen und die Todsünden in abschreckender Symbolik als Warnung an das Gewissen darzustellen. Aber gleichzeitig sind Bilder wie »Die Versuchung des heiligen Antonius« oder »Der Garten der Lüste« ganz offensichtlich Orgien malerischer Geilheit und enthemmter Phantasie, die das, was sie anprangern, ebenso verherrlichen. Nacktheit und Dämonie, Ekel und juckende Lust, Schönheitsverlangen und Erregung am Ungestalten greifen begeistert ineinander und verfehlen in dieser schamlosen Entblößung von Ängsten und Sehnsüchten ihre exorzistische Bestimmung. Hieronymus Boschs Bilder können schon deswegen nicht als reformatorisches Besinnungsgeschütz dienen und gedient haben, weil seine Manie zur Verschlüsselung der Bildinhalte energisch die Neugier reizt – und die war nach Evas Sündenfall so etwas wie die achte Todsünde.

Ob von Bosch so gewollt oder nicht, schreibt sich in seine Bildphantasie vor allem ein karnevalistisches Weltempfinden ein, ein gesetzlicher Ausnahmezustand, bei dem das Groteske über das Geordnete siegt. Der Freiheitsimpuls, der sich in Boschs Darstellungen exzessiver Unsittlichkeit und monströser Schöpfung zeigt, verliert deswegen auch seinen abschreckenden Ton für eine Einladung zum Lachen. Nicht etwa ein katholisches Gehorsams- und Demutsgebot wird durch diese Tugendschule verkündet, sondern ein Bekenntnis zur menschlichen Vorstellungskraft in absurder Ausschmückung.

Die sündhafte Zerrissenheit des Menschen findet so in Boschs Bildern einen Raum ohne Furcht vor, in dem sich dem Betrachter die eigene Unsicherheit über gut und böse, schön und häßlich, frei und unfrei in Verlockungen beichtet. Für die sieben Säulenheiligen des Lasters – Luzifer, Mammon, Leviathan, Satan, Asmodeus, Beelzebub und Belphegor – schuf Bosch die Brücke ins neuzeitliche Bewußtsein, wo die Sünde allmählich ihren Schrecken verlor.

Der Karneval kehrt ein

Heute ist die fünfte Jahreszeit eigentlich verzichtbar, denn die Idee von Hofnarren, Umkehrritualen und legaler Anarchie hat sich enorm verbreitet und professionalisiert. Es wimmelt von Schauplätzen und geschützten Orten, an denen alle Formen von Kritik erlaubt sind, die auszusprechen im wahren Leben vielleicht große Überwindung kosten und persönliche Konsequenzen erzwingen könnte. Rechtlich gefestigte und selbstbewußte Demokratien wie in Mitteleuropa dehnen die Definition des Narren auf alle Künste aus und finanzieren Foren (oft sogar mit Steuergeldern), in denen das System spielerisch außer Kraft gesetzt werden darf und soll.

In Theater und Film, in der bildenden Kunst und der Literatur, in der Fernsehsatire und im Internet spielen wir andauernd unrealistische Alternativen zur Wirklichkeit durch. Diese haben zwar in der Regel so gut wie keinen unmittelbaren Effekt auf die Herrschaftsverhältnisse, aber sie erinnern uns emsig daran, daß wir unser Leben nicht unnötig mit starren Vorstellungen und engen Zielen disziplinieren sollten. Und damit entziehen diese geschützten Freiräume der Idee von Gehorsam und nutzbringender Rationalität, auf der Herrschaft fußt, einen großen Teil ihres Zwangscharakters.

Denn erwarten wir von der Politik, daß sie Dinge eindeutig klärt und Probleme durch vernünftige Lösungen beseitigt (obwohl sie das eigentlich nie so tut), so besteht für uns die Qualität von kulturellen Schöpfungen ja gerade darin, daß sie in ihrer Aussage mehrdeutig und offen bleiben, Raum für unsere Phantasie lassen und möglichst clever unsere Neugier reizen. Der Theatermacher René Pollesch nennt die Stärke der Kunst die »ungesicherte Kommunikation«, und Albert Camus zieht eine Analogie zum Thema dieses Buches, wenn er sagt: »Die Kunst ist der Schamhaftigkeit ähnlich. Sie kann die Dinge nicht direkt aussprechen.« Dort, wo sie es dennoch versucht, wenden wir uns gelangweilt ab. Schließlich halten interessierte Menschen ihrer Intelligenz zugute, daß sie sich zwar an eine gewisse Herrschaft des Verstandes über Gefühle und Sinnlichkeit gewöhnt hat, sich aber erst in Rätsel und Geheimnis vollkommen zufriedenstellen läßt.

Da sich in unseren westeuropäischen Gesellschaften in den letzten Jahrzehnten die Erfahrung gefestigt hat, daß diese unklaren Experimente mit der menschlichen Phantasie das Fundament der Gemeinschaft nicht untergraben, sondern stärken, darf die Inszenierung heute nahezu alles. Sie darf Nationaltrainer verhöhnen und Inzest gutheißen, Politiker als Nahrungsmittel darstellen, Rucksacktouristen zersägen und schwerverständliche Gegenwartsprosa auf sechsstündige Theaterabende auswalzen. Historische Wahrheiten sind der Inszenierung ebenso wurscht wie wissenschaftliche Erkenntnisse. Und einst gelobte Trennungen zwischen heilig und profan, sittlich und pervers, öffentlich und privat, gut und böse dienen der Inszenierung schon lange nicht mehr zur Weltverbesserung.

Damit hat sich der Charakter ritualisierter Rebellion gegen bestehende Verhältnisse grundlegend verändert. Die zielgerichtete Protestgeste hat es heute immer schwerer, ernst genommen zu werden, weil sie nichts zu fürchten hat. Provokationen und Tabubrüche wirken dadurch müde und bemüht, auch Pornographie und Gewaltdarstellungen führen nur noch selten zu öffentlicher Erregung, da deren verrohende und zersetzende Wirkung auf die sittliche Ordnung ganz offensichtlich jahrhundertelang maßlos überschätzt wurde. Vielmehr haben wir wohl endlich die Lektion gelernt, die der heilige Johannes Klimakos im 6. Jahrhundert formulierte: »Wer zur Geilheit neigt, ist mitleidig und voll Erbarmen, die zur Reinheit neigen, sind es nicht.«

Das rasende Spektakel der Inszenierungen von Werbespots bis zum Tanztheater liefert uns also keine Anschauung mehr für ein »richtiges« Leben. Vielmehr vermittelt uns die Vielfalt der Aspekte, die wir erleben können, den starken Eindruck, daß alle Dinge, die nur einem einzigen Zweck dienen, unglücklich machen. Oder, anders formuliert, daß es für den Seelenfrieden ungemein nützlich ist, sich niemals wirklich festzulegen.

Das Recht auf Alternativen, über »Optionen« zu verfügen, ist der Heilige Gral unserer Lebensweise geworden. Eindeutige und lebenslange Zugehörigkeiten zu Klassen, Gruppen oder Ehepartnern erscheinen dadurch ebenso absurd wie unverrückbare Meinungen, starre Feindbilder oder Treueschwüre. Jede Predigt vom gelebten Ideal stinkt für uns heute zehn Meter gegen den Wind nach Lebenslüge und Ideologie. Das Wissen, daß stark geregelte Verhältnisse in Ehen, Arbeitsverhältnissen oder Glaubensgemeinschaften eine rege Produktion an schlechtem Gewissen, Schuldgefühlen, Selbstzensur und Verdrängung entwickeln, kann man im Wartezimmer aus beliebigen Magazinen erwerben.

Heutige Inszenierungen vom Entertainment bis zur Hochkultur halten sich dagegen an das streng Episodische, das keine eindeutige moralische Empörung mehr duldet. Dieser pantagruelsche Hunger auf das Provisorische verleitet allerdings moralisch besorgte Beobachter zur Einschätzung, im »Anything goes« würden unsere Werte verlorengehen. In der Schamlosigkeit der Darstellungen und Selbstdarstellungen wittern sie den Bankrott der menschlichen Würde, und mit der stillschweigenden Hinnahme des Geltungskonsums würden wir uns zu haltungslosen

Marionetten des globalen Freizeitkapitalismus degenerieren. Dieser Sicht erscheint das phantastisch große Angebot an Vorbildern und inhaltlichen Konsumreizen wie der Triumph totaler Beliebigkeit – obwohl doch jede Evolution ein Lernprozeß mit einer ungeheuren Verschwendung ist.

Dem großen Pessimismus, der aus dieser Deutung der aktuellen Moderne hervorscheint, folgt meist der Ruf nach klarer Orientierung, verbindlichen Werten und Autoritäten. Eltern halten ihren Kindern das gute Buch vor den Fernsehschirm, Päpste geißeln den Materialismus und die Sinnlichkeit als Verrat an ewigen Wahrheiten, der Westen erklärt China, daß Wohlstand ohne Demokratie nichts wert sei. Da kann man noch einmal mit Zygmunt Bauman antworten: »Je unwahrscheinlicher die Befolgung einer Norm ist, desto öfter, entschiedener und hartnäckiger wird sie beschworen und bekräftigt.« Und der Ruf nach hohen, verbindlichen und allgemeingültigen Werten ist eindeutig so ein Fall von Unwahrscheinlichkeit. Aber ist das schlimm?

Ist die chaotische Verästelung von Wertvorstellungen und Selbstentwürfen, die wir im Moment erleben, nicht vielmehr der große Erfolg von Emanzipationsbestrebungen? In einem unaufhaltsamen Prozeß haben immer neue Wellen gedemütigter und erniedrigter Außenseiter ihre Schambarrieren überstiegen und die Anerkennung ihrer Gefühle und Bedürfnisse erstritten. Wenn man bedenkt, daß sich erst in den letzten Jahrzehnten mit der Gleichstellung der Frau in der Ehe der Gedanke vollständig durchgesetzt hat, daß Menschen kein Eigentum sein können, dann mag man darüber staunen, wie selbstverständlich heute zivile Freiheit in der westlichen Welt auftritt.

Aber Mädchen, Alte, Schwarze, Schwule, Punker, Junkies und Umweltaktivisten, Künstler, Huren und Behinderte, alle, die noch immer als minderwertig oder Außenseiter diffamiert werden, müssen sich oft immer noch vom Stigma befreien, ihre Gefühle und Ideen seien pervers, naiv, gefährlich, ekelhaft, respektlos, niedrig, dumm oder schlecht – und mit ihrem Mut, sich nicht weiter so beschämen zu lassen, verändern sie die Vorstellungen in der Gesellschaft zum Vorzug freierer Umgangsformen. Wie aber kann eine verbindliche moralische Orientierung dabei hilfreich sein?

Nicht, wenn man die Selbstfindung des Menschen im freien Dialog als den maßgeblichen Faktor einer stabilen Gesellschaft erkannt hat. Nicht, wenn man zustimmt, daß es der Verdienst mutiger Opfer von Demütigungen ist, daß statt Ehrfurcht und Ehrbegriffen jetzt eher Respekt vor den Menschen zu den Hoffnungen der Zivilisation zählt. Nicht, wenn man beobachtet, daß die Verbindung von Freiheit und Verläßlichkeit ohne die Daumenschrauben von Demut und Gehorsam möglich ist. Nicht, wenn man die Überlegenheit einer verantwortungsvollen Mitmenschlichkeit ohne Vorbehalte gegenüber Hilfen in Gottes Namen eingesteht.

Newtons überholtes Ideal von der Reduzierbarkeit der Welt auf einfache Regeln, das so lange als Blaupause für ein rational geprägtes Gesellschaftsbild diente, verliert vor dem neuen pluralistischen Bewußtsein der Menschen zunehmend an Glaubwürdigkeit. Daß unser aller Leben reicher, freier und gerechter dadurch wird, wenn wir pragmatisch handeln, offen und unter Berücksichtigung der Umstände vorgehen, diese Botschaft wird eben dadurch immer mehr Menschen sichtbar, indem wir die überhöhten Wertmaßstäbe für richtiges Verhalten, Aussehen und Denken abschleifen.

Ideologien und starre Werte verbauen in ihrer Unbiegsamkeit den Blick für die Facetten der Welt, wie man es zuletzt im Umgang mit der islamisch geprägten Welt nach dem 11. September erleben konnte. Mit etwas mehr Schamgefühl über die eigene Unwissenheit und einer größeren Portion Neugier für die Wesensarten fremden Denkens wäre der Welt vermutlich einiges an tödlicher Eskalation erspart geblieben.

Wäre ein Schamgefühl, das uns zur Vorsicht und Rücksicht im Umgang mit anderen Menschen mahnt, in solchen Konfliktsituationen nicht ein zu schätzender, hoher Wert? Leider steht dieses zu oft in Konkurrenz zur Idee von Leistung, Stärke und Tatkraft. Immerhin funktioniert die Schamsicherung gegen arrogante Fehler bei manchen Menschen noch in ihrer posthumen Form als Reue. Der ehemalige amerikanische Außenminister Powell schämte sich nachträglich öffentlich für seine peinliche »Beweisführung« vor der UNO im Vorfeld des zweiten Irakkriegs, mit der er die angebliche Existenz von Massenvernichtungswaffen bei Saddam Hussein zum Kriegsgrund erklärte. In Europa dagegen erscheint Schamgefühl als Notbremse gegen anmaßende Politik doch relativ weit verbreitet. Ihre kultivierte Erscheinungsform ist die Diplomatie.

Der Schleier als Bürde und Bollwerk

Vielleicht bin ich zu optimistisch, wenn ich so großes Vertrauen in den Gedanken setze, daß Vielfalt automatisch kultiviertere und um Verständnis bemühte Umgangsformen erzeugt. Gewalt tritt meiner Beobachtung nach auf, wenn Menschen sich selbst von der Welt isolieren und sie alles, was ihnen und ihren Vorstellungen nicht gleicht, von sich fernhalten. Gewaltbereitschaft entsteht in der Langeweile deutscher Kleinstädte und hinter den herabgelassenen Rollos von Einfamilienhäusern vor der Stadt oder in der Welt archaischer Ehrbegriffe. Sie entsteht im Oval Office, wo moralischer Hochmut die Kontrolle über ein riesiges Arsenal an Distanzwaffen hat, oder in der Einsamkeit psychopathischer Gehirne, denen die Welt zum Objekt ihrer aggressiven Phantasie wird.

Angst, in der direkten Auseinandersetzung bloßgestellt zu werden, seine Fehler entlarvt zu bekommen, sein Gesicht zu verlieren und als schwach zu gelten, also die Angst vor der Beschämung führt zu dieser Form der Feigheit, die von Soziologen »depressive Wut« getauft wurde. Wüste Choleriker von Ajax bis Naomi Campbell erzählen seit Jahrhunderten schillernde Geschichten über diese Form der Verletzung.

Zerstörerische Energie entwickelt sich dagegen weit weniger dort, wo Menschen die Gelegenheit wahrnehmen, ihre Berührungsängste durch Spiel und Verkleidung zu überwinden. Und dafür bietet die heutige Gesellschaft so viele Gelegenheiten wie vermutlich keine zuvor. Wir schlüpfen in die Rolle des Touristen, um in Marokko oder Bali das Land mit der Narrenfreiheit des Fremden zu erkunden. Wir brezeln uns erotisch auf, wenn wir abends ausgehen. Wir tun ernst und gebildet, wenn wir durch eine

Ausstellung schlendern. Falls wir Sport treiben, suchen wir das Heldische, beim Yogakurs das innere Selbst. Wir haben eine Rolle gelernt für eher komplizierte Menschen und eine für unsere besten Freunde. Ob wir beim Straßenfest nette Nachbarn spielen oder uns eine fiktive Biographie für den Internet-Chat zulegen, unserem Fußballverein zujubeln oder mit Freundinnen »Sex & the City« sehen, ob wir zu Dichterlesungen gehen oder U-Bahn fahren, wir können dauernd mit unserer Persönlichkeit spielen, indem wir in wechselnden Verkleidungen unterschiedliche Verhaltensweisen ausprobieren.

Die Masken, die wir uns dazu anlegen, erfüllen die gleichen Kriterien, die Claude Lévi-Strauss in seinem kulturgeschichtlichen Essay »Der Weg der Masken« über die zeremoniellen Verkleidungen indianischer Völker beschreibt. Sie sind »sowohl naive wie ungestüme Apparaturen«, mit denen Anziehungskraft und Befremden gleichzeitig ausgedrückt werden soll — denn nur in diesem Stadium der Schwebe reizt uns das Ungewisse. An jeden Maskentypus knüpfen sich dabei Mythen, »die den Zweck haben, seinen legendären oder übernatürlichen Ursprung zu erklären sowie seine Rolle im Ritual, in der Ökonomie und in der Gesellschaft zu begründen«. Diese Beobachtung Lévi-Strauss' gilt mit erstaunlicher Umstandslosigkeit auch für unsere moderne Zivilisation. Der Anzugträger im Management wählt sein Aussehen ebenso nach den Mythen seiner Branche wie der Skater seine bedruckten T-Shirts. Die Mimikry der Unauffälligkeit, die alte Menschen mit ihrer Bekleidung suchen, ist unter diesem Gesichtspunkt nichts anderes als die Nacktheit einer Stripperin.

Immer geht es dabei um die Vergewisserung von Vorgängern und Vorbildern. In jedem Akt der Anpassung vollziehen wir modische Entscheidungen, die unsere Biographie mit etwas Größerem und Erhabenerem, auf jeden Fall aber mit etwas gesellschaftlich Akzeptiertem verknüpft. Damit appellieren wir an die Vorstellung der anderen, sich der Mythen zu erinnern, die diese spezielle Maske hervorgebracht haben: Mythen der Stärke, des Selbstbewußtseins, der Schönheit und des Erfolgs, aber auch Mythen des Gehorsams, der Geborgenheit und des Anstands. Indem wir diese Zeichen tragen, rufen wir deren Botschaft auf, in deren Besitz wir uns nun selbst wähnen. Damit gewinnt das Individuum seine Sicherheit, in der Verbindung mit anerkannten Modellen selbst anerkannt zu sein und damit der Gefahr vorzubeugen, als Abweichler bezeichnet und beschämt zu werden.

Dieser Schutzschild gegen Infragestellung ist nicht auf eine bestimmte Form des Auftretens beschränkt. Immer, wenn eine Gruppe von Menschen die gleichen Erinnerungen, Bilder und Bewertungen teilt, ist diese Anleihe bei den Mythen des Erfolgs und der Anpassung erfolgreich. Und in einer Gesellschaft, die so inflationär Bilder und Geschichten produziert wie die heutige kapitalistische, entwickelt sich eine extrem breitgestreute Kenntnis der unterschiedlichsten Etiketten, die den einzelnen vor Mißverständnissen schützt.

Im dauernden Austausch der Werte und Bilder wird es dadurch immer unwahrscheinlicher, Opfer einer Weltanschauung zu werden. Der Urenkel, der Graffiti-Künstler werden will, bedroht die Uroma nicht, die noch immer findet, daß nicht alles schlecht war, was der Adolf gemacht hat. Veganer und Fans von McDonald's können einträchtig zusammen ins Kino gehen. Und selbst in einem bayrischen Landgasthof bekommt man keinen Seidel mehr ins Gehirn geschlagen, weil man die Haare mit Bier zu einer Igelfrisur aufgestellt hat.

Im Gegensatz zu den Masken, die ein Teil unserer Persönlichkeit wurden, weil wir damit tiefsitzende Demütigungen und Verletzungen verstecken müssen, können diese zeitweisen Verkleidungen ein lehrreiches Spiel sein. Vor allem in den Orientierungsphasen, die der Verfestigung unserer inneren Sphäre als Erwachsene vorangehen, ist das Ausprobieren von Rollen, für die man sich verkleidet ausstellt, wichtig. Gruppenidentitäten wie Musikgeschmack und mediale Phantasiewelten, besondere Situationen wie Klassenreisen, Feten und Konzerte bieten die Gelegenheit, sich an Lebensträume heranzutasten. Hinter der Maske von Coolneß, Mode, Schminke, Euphorie oder Kennertum, vielleicht auch enthemmt von Rausch und starken sinnlichen Reizen, können wir unsere natürliche Schüchternheit überwinden und Dinge tun, die uns im nüchternen, verständigen Zustand die Scham verbietet.

Was man im Drama der Pubertät zur eigenen Reife an Komödien und Tragödien durchspielt, die Masken, die man aufsetzt, damit die Sehnsüchte und Peinlichkeiten, die einen plagen, nicht für jeden sofort offensichtlich sind, das ganze Spiel mit Identitäten, das wir für ein bißchen Lebensklugheit beherrschen lernen, wird aber noch wichtiger, wenn es nicht mehr natürlicher Teil unserer Entwicklung ist. Erst als Erwachsene hängt unsere Freiheit wirklich davon ab, ob wir weiterhin als Späher unserer Sehnsüchte verkleidet die Welt durchstreifen können oder aber eingeengt und eingeschlossen in ein starres Bild von uns selbst verkümmern. Erstarrt in Schamängsten, etwas von sich preiszugeben, das einen lächerlich, schwach oder fehlerhaft dastehen lassen könnte, neigen wir dazu, einmal gewonnene Sicherheit nicht mehr aufzugeben. Und ehe wir es uns versehen, haben wir uns ein Regel-, Verhaltens- und Geschmackskorsett geflochten, das uns zum Gefangenen unserer Behauptungen macht.

Helden der Scham XIII
DOMINIQUE AURY

Es war eines der schockierendsten Bücher des 20. Jahrhunderts und für viele Frauen, die sich in der Emanzipationsbewegung engagierten, eine Art Dolchstoßprosa. »Die Geschichte der O«, 1954 in Frankreich anonym veröffentlicht, beschreibt die totale und freiwillige Unterwerfung einer jungen Frau unter den Willen zweier Männer, die sie peitschen, foltern, anderen Männern ausliefern und zur Prostitution zwingen. Als extrem und anstößig wurde daran weniger die Beschreibung von sexueller Gewalt gegen Frauen empfunden, wie sie seit de Sade Teil der Literaturgeschichte ist, als die Perspektive, aus der dieser kurze Roman geschrieben wurde. Die schöne Fotografin O, die sich von ihrem Freund René erst in eine Art sexuelle Geheimgesellschaft ausliefern und später an einen anderen Mann weitergeben läßt, akzeptiert ihren Sklavenstatus nicht nur, sondern beschreibt ihn als eine Form großer und reiner Liebe. Diese völlige Unterwerfung unter die männliche Autorität, diese bereitwillige Ergebenheit in ein sadistisches Zwangssystem gewann ihre provozierende Kraft nicht nur aus der zeitlichen Nähe zu Nazideutschland und den Konzentrationslagern, sondern vor allem in ihrer Opposition zum feministischen Zeitgeist. Da der Roman unter dem Pseudonym »Pauline Reage« veröffentlicht wurde, vermuteten die meisten Frauenrechtlerinnen, die sich mit sexueller Gewalt und Pornographie kritisch auseinandersetzten, dahinter eine krankhafte Männerphantasie, die sich als Frau tarnt.

Tatsächlich verbarg sich hinter dem Pseudonym die französische Autorin Dominique Aury und hinter dem einst skandalös empfundenen Inhalt ein Stück Weltliteratur, das als »erster Porno von Frauenhand« zunächst vollkommen falsch qualifiziert wurde. Aury, die sich erst 1994 als Autorin zu erkennen gab, lieferte in ihren detailliert beschriebenen Mißhandlungsszenen mit der »O« zwar auch einen bis heute lebendigen Symbolfundus inklusive Dreßcode für sadomasochistische Praktiken. Die Schönheit dieses Buches findet sich aber in dem zartfühlenden Ton, der die größten Demütigungen der »O« beschreibt, ohne jemals ihre Würde zu verletzen. Indem »O« ihre ganze Scham der Liebe opfert, gewinnt sie eine außergewöhnliche Form der Selbstbestimmung und des Stolzes. Deswegen ist von unvoreingenommenen Lesern und Leserinnen immer wieder bemerkt worden, daß bei aller vollkommenen Hingabe dieser Frau an die Lüste ihrer Geliebten sie letztlich die wahre Autorität über das Geschehen behält. Und daß sie, wie Aury einmal selbst erklärte, ein hohes Ideal der Liebe erfüllt, da sie »dem geliebten Menschen völlig vertraut, mit dem eigenen Schicksal voll und ganz einverstanden ist, sich selbst und den anderen akzeptiert«.

Aury erklärte in den Interviews, die sie kurz vor ihrem Tod 1998 gab, immer Frauenrechtlerin gewesen zu sein. Und dieser scheinbare Widerspruch löst sich in der Lektüre tatsächlich auf. Die große Disziplin und Selbstbeherrschung, mit der die »O« ihren eigenen Ansprüchen an hingebungsvolle Liebe genügt, erzählen von einem erfüllten Leben nach eigenen Maßstäben und von der lustvollen Verkehrung der Scham in ein Glück des schönen Gehorsams, das in keinem Widerspruch zu einer kultivierten Lebensart und kritischer Selbstbetrachtung steht. Ehrlich mit sich selbst, dringt diese Phantasie vielmehr weit hinter die Schleier der menschlichen Sehnsucht und gewinnt dabei eine große Freiheit. Denn »man kann alles sagen, man muß es nur anständig sagen«, wie Dominique Aury erklärt: »Andernfalls ist es peinlich, grob, ordinär.«

Pornographie, der erloschene Vulkan

Wie überaus vielfältig die Formen der schamabweisenden Verkleidung heute sind, zeigt sich vielleicht am eindrücklichsten darin, daß selbst totale Nacktheit als Maske dient, um die wahre Nacktheit zu verbergen. Nacktheit als Verkleidung ist in bezug auf die Scham natürlich zunächst eine absurde Vorstellung, weil Scham im christlichen Verständnis die Strafe für die Erbsünde ist und damit unsere gesamte westliche Kultur als negative Kategorie geprägt hat. Vor dem Sündenfall hatte die Nacktheit die schöne Aufgabe, das Kleid der Unschuld zu sein. Doch »weil er die Sünde beging, verlor Adam das Gewand seiner Unschuld und kannte die Scham«.

Doch spätestens seit der Aufklärung mit ihren zahlreichen Romanen expliziter Sexualität und der Entmystifizierung der Scham als menschlichem Schuldschein gegenüber Gott durch Diderot, Rousseau, Flaubert, Voltaire, de Sade und andere wurde Nacktheit zu einem neuen Gewand für die Öffentlichkeit. Den von Scham bedrohten, anständig verhüllten Christenkörper riß auch in den Jahren strengster bürgerlicher Sittsamkeit im 19. Jahrhundert ein anschwellender Strom an erotischen Bildern und Geschichten immer wieder aus seiner moralischen Verankerung. Seit den zwanziger Jahren des letzten Jahrhunderts schmolz die Bekleidungsfläche am Körper kontinuierlich auf immer neueste Mindestrekorde. Und mit dem endgültigen Niederlegen der Grenze zwischen öffentlich und privat, den die Pornographie als frei zugängliches Konsumgut und die sexualisierte Werbe- und Medienwelt vollzogen hat, bildete sich in der Gegenwart schließlich ein schillerndes Meer der sexuellen Alltagsmythen, aus dem die Menschen relativ frei schöpfen können, wenn es sie nach Metamorphosen dürstet.

Nackte Frauen moderieren Spielshows im Fernsehen, nackte Männer agieren auf Theaterbühnen, Popstars lassen sich beim Aussteigen aus dem Auto von Paparazzi zwischen ihre nackten Schenkel blitzen, Swingerclubs organisieren den Partnertausch, aber auch in Discos, an Stränden, in Parks oder Autobahnparkplätzen ist der Austausch von Körperflüssigkeiten ein Spektakel, bei dem sich mehr oder weniger unpersönliche Körper im Gewand der Nacktheit verknoten. Selbst der Kyniker Diogenes, der in Athen auf dem Marktplatz onanierte, wäre von dieser Selbstverständlichkeit vermutlich verstört.

Sexualität ist zu einer weiteren Verkleidung geworden. Der nackte Körper sagt in seiner erotischen Exponiertheit nichts Persönliches mehr über einen Menschen aus, sondern stellt ihn in eine Genealogie von nackten und sexuellen Vorbildern. So verhüllt die zur Schau getragene Entblößung das Selbst genausogut wie ein Taucheranzug oder ein Abendkleid. Wie Jugendliche Tony Hawks, Eminem oder Christina Aguilera im Äußeren nacheifern, junge Frauen und Männer Sarah Jessica Parker oder Brad Pitt imitieren, so geben auch namenlose Pornostars jungen und alten Triebmenschen das Selbstbewußtsein, nachzuahmen, was ihnen vorgemacht wurde.

Natürlich ist das individuelle Schamempfinden sehr unterschiedlich ausgeprägt. Nicht jeder legt sich nackt an den Strand, zeigt sich in Ledergeschirr auf dem Balkon oder befriedigt seinen Partner in der Öffentlichkeit mit dem Mund. Aber das aktive Schamempfinden ist doch bei den meisten Menschen mittlerweile so weit gedämpft, daß sie nicht mehr auf den Gedanken kämen, die Polizei zu rufen, wenn sie Derartiges sehen. Man schaut vielleicht noch peinlich berührt zur Seite und bewahrt das Erlebnis als außergewöhnlich klatschfähig.

Es ist die empfundene Distanz zwischen sich und der

Rolle, die man spielt, die darüber entscheidet, ob wir uns nackt maskiert und damit sicher oder intim entblößt und damit verletzlich fühlen. Scham hebt Distanz auf. Im Erröten fühlen wir uns ertappt, durchschaut und wehrlos. Sartre schrieb, daß der sichtbare Ausdruck von Scham ein »Geständnis« sei, und Georg Simmel meinte sogar, daß das Gefühl der Scham darin besteht, daß wir meinen, unsere ganze Person würde schlagartig sichtbar werden. Um diese bedrohliche Situation der Schwäche und des Erkanntwerdens zu vermeiden, die uns der Macht anderer Menschen ausliefern würde, müssen wir mit Masken die Distanz künstlich herstellen und sichern. Man könnte sagen, der Ursprung der Mode ist das Feigenblatt. Und deswegen sind alle Kleider – auch des Kaisers neue – »nur eine Kristallisation der Scham«, wie der katholische Philosoph Max Scheler 1913 schrieb.

Es ist abhängig von unseren persönlichen Prägungen und Vorbildern, unseren Ängsten und erlebten Demütigungen, wie wir unsere Verkleidung tatsächlich komponieren. Menschlicher Erfindungsreichtum ist nahezu unerschöpflich, wenn es darum geht, sich zu tarnen. Und weil das Gefühl dafür, was unschicklich, schmerzlich und peinlich ist, sehr persönlich von unseren Erfahrungen bestimmt wird, ist das Schamempfinden heute vermutlich so unterschiedlich wie die Schneeflocken. Nicht zwei sind gleich, die Kombinatorik ist unendlich. Aber es bleibt immer eine Frage der Selbstdistanzierung, ob ich mich schamfrei oder verlegen fühle.

Ein gutes Beispiel dafür, wie die gefühlte Distanz das Gefühl für die eigene Person verändert, hat Paris Hilton geliefert. Die reiche Hotelerbin, der man im Internet nackt beim Baden und beim Oralsex mit ihrem Freund zusehen kann, ging während ihres Gefängnisaufenthalts wegen Alkohols am Steuer tagelang nicht auf Toilette, weil sie sich schämte, daß man ihre Geräusche dabei hören könnte. Mit dem Verlust der Distanz, die die Medien ihrer Selbstdarstellung zum Betrachter verleihen, war auch das sichere Gefühl zum eigenen Körper wie weggewischt. Aber auch in der Enge indischer Slums, wo es geschützte Privatsphäre grundsätzlich kaum gibt, macht die erzwungene Schamlosigkeit doch Unterschiede. Mike Davis berichtet in seiner Studie über die fürchterlichen Verhältnisse der weltweiten Armut, »Planet der Slums«, daß indische Frauen nachts teilweise extreme Distanzen zurücklegen, um ihr Geschäft auf dunklen Feldern unbeobachtet und ungehört zu verrichten.

Alles Skatologische klammert sich überhaupt mit einer weit größeren Beharrlichkeit an das Schamgefühl als unser Geschlechtsleben. Gerüche und Geräusche der Verdauung werden in der Öffentlichkeit nur mit den infantilsten Scherzen behandelt, und die Geschichte der Hygiene und Geruchsvermeidung in der Neuzeit trägt einen extrem disziplinierenden Charakter. Mit Benimmregeln und zweifelhaften medizinischen Expertisen, mit Architektur und einer aufwendigen Drogistik wird das Thema Toilette aus dem öffentlichen Bewußtsein ausgeblendet. Im Verhältnis zu Sexszenen kommen Kloansichten in Filmen ungefähr so häufig vor wie Frauen in der Formel 1.

Philosophie des Geschmacks

Die tägliche Arbeit, unser Inneres mit dem Remake bekannter Bilder zu verhüllen, zieht aber weit größere Kreise als in Mode und Medien, Erotik und Sanitäranlagen. Die ganze Welt des Designs und der Statussymbole versorgt uns mit Masken und Amuletten gegen das Erkanntwerden. Der Theaterwissenschaftler Hans-Thies Lehmann schreibt in seinem Essay »Das Welttheater der Scham« sogar: »Scham ist der affektive Kern aller Ästhetisierung.« Und wenn man in Betracht zieht, daß alles Darstellende einen ebenso großen Anteil des Verbergens wie des Zeigens hat, erscheint dieser Gedanke nicht falsch.

Die teuer eingerichtete und picobello saubere Designerwohnung soll uns vermutlich sagen, daß hier jemand mit überlegenem Geschmack wohnt, aber gleichzeitig verrät das Aseptische des Arrangements doch auch, daß hier ein gewisses Zwangsverhalten am Werk ist, das sich seiner unappetitlichen Seiten schämt. Das Körperdesign durch Silikon, Botox und Skalpell, das sich von einer Existenzangstmode für Showstars in einen Volkssport Anatomie verwandelt hat, betont immer auch die häßliche Verlegenheit, vergängliches Fleisch zu sein. Auch Architektur, Sport und Verpackung spielen das Spiel des Verhüllens und Exponierens, das für all jene Bereiche der Gesellschaft bestimmend ist, in denen die Größe einer Leistung vor allem darin besteht, daß ihre banalen, unansehnlichen, unschönen oder schlimmen Teile verborgen werden. Darin unterscheidet sich Design nicht wesentlich vom Verbrechen.

Das Verbergen, Verhüllen und Vertuschen, das uns den ganzen lieben langen Tag begleitet, unterliegt dabei einem enorm starken Zwang zur Neuheit, der wiederum die große Vielfalt kultureller Erscheinungen erzeugt. Hier spielt die Neugier ihre besondere Rolle. Lange war sie in christlich-bürgerlichen Anstandsgesellschaften streng verpönt. Da die Menschen ihre Schamaffekte hinter Strenge und Ornat, heiligen Attrappen und Zensur versteckten, fühlten sie sich von der Neugier natürlich in ihrer Autorität bedroht. Kindern wurde sie als Sünde dargestellt, die man ihnen notfalls mit Schlägen austrieb. Jede von Angst geprägte Gesellschaft bestraft die Neugierde hart.

Heute hat die Neugier den Makel, als unanständig zu gelten, weitgehend abgelegt. Neugierig erworbenes Wissen um die Schwachstellen des anderen gilt als Wettbewerbsvorteil, und dadurch ist die Neugier als zivilisatorische Leistung anerkannt. Damit ist sie aber auch zu einem permanenten Jäger von Maskierungen geworden. Emsig fragt sie nach den Lücken zwischen Sein und Schein. Hat sie meinen starken Auftritt als Ausflucht der Verlegenheit entlarvt, taugt die Verkleidung nichts mehr und muß erneuert werden.

So konnte der Machismo als männliches Leitbild nur dadurch überleben, daß er seine verletzlichen Seiten betonen lernte, das blonde Busenwunder mußte seinen ordinären Ruf loswerden, indem es sich auch als erfolgreiche Geschäftsfrau bewies, und der katholische Priester muß Verständnis für jugendliche Satanismusmoden entwickeln, damit ihm noch jemand zuhört. Der Zwang zur Originalität ist Teil unseres Kampfes um gesellschaftliche Anerkennung geworden.

Das spiegelt sich auch in der weitverbreiteten Angst, als ein Teil der Masse zu gelten. Eine Art Anpassungsscham zwingt uns, dem vielleicht wichtigsten gesellschaftlichen Leitbild zu genügen, eine selbständige Persönlichkeit mit starkem Ego zu sein. Um dies auch nach außen zu zeigen, verachten wir das Gewöhnliche und streben nach persönlichem Ausdruck.

Legionen von Entwerfern beschäftigen sich deshalb mit nichts anderem, als die Rätsel des Daseins immer wieder neu zu verhängen. Für alle Lebenslagen und Erscheinungsformen gibt es ein Design, das uns der Sorge entledigt, als nackt, unwissend und hilflos zu gelten. Für die widersprüchlichsten Äußerungen von Lebensart ist eine passende Designlösung parat. Längst haben Säuglingskleidung und Sargdesign Taufe und Letzte Ölung als Initiationsriten des Daseins abgelöst. Geschmack ist die Philosophie des kapitalistischen Epos. Und Geschmack produziert in verschwenderischen Ausmaßen Schönheit.

Die Suche nach Originalität stellt uns somit ein riesiges Repertoire an Möglichkeiten zur Verfügung, uns mit Verkleidung zu verschönern, zu vergrößern, uns unsrer selbst zu vergewissern oder Varianten des Daseins auszuprobieren. Da Originalität und persönlicher Stil den besten Schutz gegen soziale Angst darstellen, befreit uns die Scham in ihrem Ratschlag zur Verkleidung von der zwanghaften Zugehörigkeit zu Klassen, Schichten und Verwandtschaften.

Die Nebenwirkungen dieses Maskenspiels allerdings sind notorischer Streß, Gefallsucht, Minderwertigkeitskomplexe und andere soziale Krankheiten des Nichtgenügens. Rückzug in heile Welten oder in die lichtlosen Täler der Psyche zeigen die Erschöpfungszustände dieser Manie zur Selbstästhetisierung. Aber auch hier wartet die Scham schon auf uns. Ihre Erscheinungen sind so vielfältig, ihr Terrain ist so weit verzweigt in die Schauplätze unseres Bewußtseins, daß uns eigentlich nur eine Möglichkeit bleibt: Wir müssen uns mit ihrer dauernden Anwesenheit vertraut machen, ihr zuhören und unsere Sicherheit darin gewinnen, sie, soweit es uns möglich ist, als etwas Hilfreiches zu schätzen, und uns zu ihr bekennen. Dann werden wir erkennen, wie ungemein wandelbar die Scham ist. Ihre Reflexe lassen sich zähmen, ihre Botschaften sind umkehrbar, ihr Schmerz ist die Nahrung der Weisheit, ihr Schauspiel bereichert unser Leben.

Helden der Scham XIV
SCHWESTER RUTH

Daß als letzte Heldin der Scham ausgerechnet eine katholische Ordensschwester auftritt, mag nach den bisherigen Abgrenzungen einer schambewußten Freiheit gegen die Dogmen der christlichen Demut überraschend kommen. Ruth Pfau vereint in sich auf besondere Weise jene Widersprüchlichkeit, von der dieser Text handelt, weswegen sie am Ausgang der Lektüre steht.

Daß nicht die Ergebenheit in eine vollkommene Lehre oder Anschauung zu einem aufrichtigen Ideal der Menschlichkeit führt, sondern nur die Elektrizität gegenpoliger Erfahrungen, davon handelt die Biographie der Lepraärztin, die im pakistanischen Karatschi unter widrigsten Bedingungen ein Hospital und ein landesweites Therapienetzwerk aufgebaut hat. Obwohl ihren Gelübden verpflichtet, keusch, arm und gehorsam zu leben, hat die 1929 in Leipzig geborene Medizinerin sich eine unorthodoxe Geistesfreiheit bewahrt, die sie häufig mit den Weisungen ihrer Kirche in Konflikt brachte. Sie insistierte darauf, daß »kein System die Antwort auf unsere Lebensprobleme geben kann«, sondern ausschließlich das Mitgefühl. Ihren Orden beschrieb sie immer wieder als »kleinkariert«, im Zweifelsfall entschied sie sich stets für ihre Patienten und die Belange ihres muslimischen Mitarbeiterteams, anstatt Befehlen aus der Ordenszentrale in Paris Folge zu leisten. Über den Lebensregeln des Ignatius von Loyola stand für sie doch häufiger das Motto »Liebe Gott, und tue, was du willst«.

Diesen Eigensinn widmet Pfau aber nicht persönlichen Belangen, sondern dem, was sie in ihren Lebenserinnerungen als »das Äußerste an menschlicher Degradierung« beschrieb. Gegen die totale Entwürdigung der im wahrsten Sinn »Aussätzigen« im Lepraviertel der pakistanischen Hafenstadt, der sie 1957 als Novizin begegnete, setzte sie fortan ihre ganze Tatkraft ein. Die grauenerregenden Verhältnisse, in denen diese verkrüppelten Menschen in dumpfer Resignation und unvorstellbarem Schmutz und Elend vor sich hin vegetierten, erregten damals ihren Gerechtigkeitssinn und ihr praktisches Mitgefühl. Sie überwand den eigenen Ekel und kämpfte gegen die Scham an, die diese heilbare Krankheit versteckte und verleugnete. Gegen massive Widerstände der Bevölkerung, aber auch korrupter Politiker und Behörden engagiert sich Pfau bis heute nicht nur für die medizinische Versorgung der Kranken, sondern vor allem für deren Würde. In ihrem uneitlen Aufstand gegen die verderblichen Schambarrieren der pakistanischen Gesellschaft fand sie zu ihrer großen persönlichen Freiheit, die in keinem Widerspruch zu den strengen Regeln ihres Ordens stand – und die zeigt, daß die Lebenskunst, die aus der Beschäftigung mit der Scham entsteht, selbst im Club der Schuldmoral zu individuellem Glück führen kann.

Die ganze Bescherung

Unverstandene Scham fesselt Menschen an das Bestehende. Sie hält uns in der Schuldfalle gefangen, Ansprüchen nicht zu genügen – Ansprüchen, die vor langer Zeit eingebrannt wurden, die wir unter Zwang oder in gutem Glauben akzeptiert haben und die wir jetzt als redseliges Etwas mit uns herumtragen, das uns sagt, was wir besser zu machen haben. Die Möglichkeiten sind unendlich, diese Ansprüche wirken bei jedem unterschiedlich.

Vor allem aber sind sie historisch und fremdgeprägt und behindern die Seelennavigation dabei, einen eigenen, unbefangeneren Weg durchs Leben zu finden. Sie hemmen den Willen zur Veränderung und blockieren störrisch und mit großer Spontangewalt Versuche, bessere Einsichten auch in die Tat umzusetzen.

Unverstandene Scham ist hinderlich und trotzdem ausgesprochen gegenwärtig. Jeder Mensch trägt sie als Erbe mit sich herum und ist ständig damit beschäftigt, vorsichtig und vermeidend mit seinen Schamschmerzen umzugehen. Sie sind unangenehm, wir wollen sie nicht spüren, nicht mal erinnern, am liebsten täten wir die ganze Zeit so, als gäbe es den Krampf der Verlegenheit gar nicht – so sind wir einen großen Teil unserer Zeit damit beschäftigt, Peinlichkeiten und Demütigungen, Kränkungen und Unsicherheiten, unsere Selbstzweifel, Makel und Verlustängste zu überspielen, zu tarnen, zu maskieren. Schwäche ist kein wertvolles Gut in einer Leistungsgesellschaft, und Scham ist das Martinshorn der Schwäche.

Ich habe in diesem Essay versucht, zahlreiche Beispiele anzuführen, wie wir unsere vermeintlichen Fehler und unsere Ängste maskieren, in merkwürdige Verhaltensweisen übertragen oder Apparaturen und Institutionen erfinden,

Scham zu überspielen. Es ließen sich noch viele Beispiele dafür anführen.

Es fehlt die Geschichte der Lüge und des Parfüms. Es fehlt die Ökonomie des Ekels, die Alte und Kranke versteckt. Es fehlt das Kapitel über Scham als Joch in Bibel und Koran und das Kapitel über die Alchemie der Beichte. Es fehlt das Kapitel über den Rausch als die neue Romantik oder über die Stadtplanung des schlechten Gewissens. Und diese Reihe ließe sich vermutlich noch endlos fortsetzen, weil man überall dort, wo Menschen miteinander in Beziehung treten oder auch nur aufeinandertreffen, auch auf die Schäden und Leistungen der Scham stößt.

Das Schamgefühl ist nichts Schlechtes, schlecht ist zu große Schamhitze. Unverschämt mit seiner Scham umzugehen, das heißt, ihr Aufmerksamkeit zu schenken, nicht vor Scham lieber zu vergehen, sondern sie gelassen zu zeigen, macht es möglich, die verqueren Manöver nachzuvollziehen, mit denen die Persönlichkeit versucht, ihre sympathischen Schwächen vor der gehässigen Moral des ständigen Vergleichens zu schützen. Auf sein Schamgefühl zu achten ermöglicht es, Vertrauen in die Menschen zu gewinnen.

Das Versteckspiel der Schamängste ist zäh, trickreich und gemein und findet auf dem riesigen Terrain unserer Erinnerungen statt. Aber es gibt einen großen Verbündeten bei der Entschärfung unserer Seelenminen. Das sind die anderen. Teilen wir unsere Schamschmerzen mit, mindern wir sie. Scham überfällt uns überraschend und unverhofft. Das ist ihr Wesen. Schenken wir ihrem Erröten mehr Aufmerksamkeit, kann sie uns vor Gewebeschäden der Seele bewahren. Auf die Scham ist Verlaß. Zwar ist sie keine eindeutige, sondern eine Ja-aber-Kraft. Ihre komplexe Fähigkeit zu Tarnung, Verstellung und Transformation macht es zunächst unmöglich, die Quelle der Schamenergie immer sofort zu lokalisieren oder eine bestimmte Äußerung stets mit einem bestimmten Motiv zu verbinden. Doch so widersprüchlich und vielfältig die Erscheinungen der Scham auch sind, ihr Auftreten ist immer unmittelbar und klar. In all ihren unterschiedlichen Erscheinungen von Erröten und Schuldgefühl, Gekränktsein und Verlegenheit, schüchternem Verstummen und aggressiven Reaktionen auf Demütigungen, unter all ihren Namen und Verkleidungen ist die Scham als Gefühl ein ungeheuer präziser Alarm des Glücks.

Inhalt

Alltag der Schamkonflikte	9
Helden der Scham I: Christoph Marthaler	15
Das Doppelleben der Beschämung	17
Demokratie der Brandherde	21
Mantra der Selbstvorwürfe	24
Helden der Scham II: Charles Baudelaire	29
Der Blick, der ewige Verfolger	31
Takt der Stadt	36
Das Gelächter der Mädchen	39
Babylon der Schamsprachen	43
Helden der Scham III: Curzio Malaparte	45
Das innere und äußere Blutantlitz	47
Schöne Ordnungshüter	51
Helden der Scham IV: Leigh Bowery	55
Inflation der Masken	57
Distanzwaffen der Seele	60
Der namenlose Gast	64
Helden der Scham V: Elfriede Jelinek	67
Die Mär von der Schamlosigkeit	69
Knigges überlegene Diskretion	73
Das Prinzip ziviler Unauffälligkeit	77
Helden der Scham VI: Beau Brummell	81
Der feine Mensch als Rebell	83
Helden der Scham VII: Francis Bacon	87
Lorbeer des Unverschämten	89
Wurzelbehandlung	94
Helden der Scham VIII: Lucifer/Loki/Maldoror	101
Scham, die Mutter der Skepsis	103
Mut ist ansteckend	108
Helden der Scham IX: Mary Shelley	113
Durch das Himmelstor der Verschwommenheit	115

Der Tragik Kern	118
Helden der Scham X: Giovanni Giacomo Casanova	*123*
Das Vorläufige ist das Gute	125
Konkurrenz der Selbstachtung	130
Die Charakterwaage	132
Helden der Scham XI: Charlie Chaplin	*137*
Der Segen der Froschperspektive	139
König und Narr als Schamduett	143
Helden der Scham XII: Hieronymus Bosch	*145*
Der Karneval kehrt ein	147
Der Schleier als Bürde und Bollwerk	153
Helden der Scham XIII: Dominique Aury	*157*
Pornographie, der erloschene Vulkan	159
Philosophie des Geschmacks	163
Helden der Scham XIV: Schwester Ruth	*167*
Die ganze Bescherung	169

Der Autor

Till Briegleb, geboren 1962 in München. Studium der Politischen Wissenschaften und der Germanistik in Hamburg. Ab 1991 Kulturredakteur der »Tageszeitung« (taz) in Hamburg, von 1997 bis 2002 Kulturredakteur der Wochenzeitung »Die Woche«, danach bis 2006 freier Autor für diverse Zeitungen und Zeitschriften. 2006 Textchef des Kunstmagazins »art«, seit 2007 Autor der »Süddeutschen Zeitung« und von »art«. Publikationen zu diversen Themen der Architektur, der Kunst und des Theaters. Lebt in Hamburg.